A L'OMBRE DE LA CROIX

Photo de couverture : la Croix du Pech de Bère prise par l'auteur et publiée avec l'aimable autorisation de M. François Collado, maire de Nicole F - 47190

Au-delà d'une simple autobiographie, ce livre se veut être un hommage à un village et ses alentours, un hymne à l'enfance et son insouciance, mais aussi à un mode de vie rural, sain, simple et authentique, porteur de valeurs humanistes, si cher à l'auteur qu'il en a fait le personnage principal de deux de ses précédents livres[1], mode de vie menacé aujourd'hui de

---

1 « Les mois d'août sont chauds » et « Les printemps pourraient être doux », tous deux publiés aux Éditions Baudelaire, respectivement en septembre 2022 et mars 2023, qui seront prochainement publiés en un seul volume « Chroniques d'une bastide », complété d'un troisième titre « La fin du d'un monde ? »

disparition dans une société de plus en plus citadine, artificielle et pressée, qui privilégie l'individualisme, l'égocentrisme et reste tournée essentiellement vers l'argent, la consommation, les apparences, le superficiel, au détriment de l'humain.

Ce texte est dédié à mes aïeux, ma famille, en particulier mon frère André, tous les êtres qui me sont ou m'ont été chers. Il est adressé à mes enfants et mes petits-enfants, afin qu'ils connaissent un peu mieux leurs origines.

Un proverbe portugais dit que « plus les racines sont profondes, plus l'arbre est grand », j'ai donc tenté de creuser aussi profond que possible pour participer à l'épanouissement de mes descendants, les aider à monter au plus haut sur le solide tronc bâti par nos ancêtres, à l'ombre de la Croix du *Pech de Bère*[2]…

Il n'est en rien en lien avec une quelconque religion, il contient, sans aucun ordre chronologique, des souvenirs remontant à la surface de mon cerveau lésé par un grave AVC, consécutif à un accident du travail, tels des bulles qui remonteraient du plus profond de la vase et viendraient percer la surface d'une mare. Afin d'en perdre le moins possible, j'ai tenté,

---

[2] On trouve dans certains documents l'orthographe Pech de Berre, mais Bère est validée par Monsieur le Maire actuel de Nicole, en référence à ses sources.

chaque fois que cela m'était possible de noter le contenu de ces « bulles mémorielles », pour pouvoir ensuite les rassembler par domaines. S'agissant de souvenirs lointains, ils sont donc peu précis, voire incertains.

    Hugues Aufray chantait en mil neuf cent soixante-treize (j'avais alors neuf ans) :
Oh, Nicole, Nicole
Oh-Oh Nicole, souviens-toi
Oh Nicole, Nicole
Oh-Oh Nicole d'autrefois
 Une petite gare
Au pied d'un coteau
Un clocher qui sonne
Une grande maison
Au cœur des ormeaux
Près de la Garonne
Oh, Nicole, Nicole
Oh-oh, Nicole, souviens-toi
Oh, Nicole, Nicole
Oh-oh, Nicole d'autrefois
Je revois nos vacances
Auprès d'un bassin
Au fond des allées
Une petite fille
Un petit jardin

Mes tendres années
Oh, Nicole, Nicole
Oh-oh, Nicole, souviens-toi
Oh, Nicole, Nicole
Oh-oh, Nicole d'autrefois

Auteurs: Hugues Aufray, Georges Augier
Copyright: WARNER CHAPPELL MUSIC FRANCE

1. LE COTEAU, LE VILLAGE,

Nicole, charmant petit village du Lot-et-Garonne, est une bastide anglaise (son nom originel est Lincoln), fondée au début du XIV° siècle. Elle figure avec l'orthographe Nico*lle*, sur la carte Cassini du XVIII°, et fut bâtie au pied d'une colline connue ici sous le nom de *Pech de Bère* et dont le plateau sommital est surmonté à son extrémité Est d'une immense croix métallique posée sur un haut socle de pierres, à environ cent soixante mètres d'altitude, soit une centaine de mètres au-dessus du village qui, implanté à proximité du confluent du Lot et de la Garonne, s'est agrandi au fil des siècles en s'étirant le long de la route, nationale cent treize autrefois, aujourd'hui départementale huit cent treize, bloqué entre la colline et la Garonne. Il n'est séparé du fleuve que par la ligne de chemin de fer Bordeaux-Marseille, mise en service au XIX° siècle (ou Bordeaux -Vintimille pour la SNCF, après son extension au XX°), et posée au sommet d'une digue de terre qui protège un peu les habitations les plus basses et la route des colères du fleuve qui, à chaque crue importante, profite des *ponts* (de courts tunnels, en réalité) qui percent la digue, et des égouts, pour inonder le bas du village.

2. LA GARONNE, LA CRUE

Le moulin d'Aiguillon, dont le mur barre le Lot sur toute sa largeur a permis, en brisant le courant de la rivière, le dépôt de sable et ainsi la création d'une *plage*. Une écluse, sur sa rive droite, marque l'entrée d'un canal, *le canalet (dont on prononce ici le t final, dans une sorte de canalèt')*, qui rejoint la Garonne à la sortie de l'écluse de Nicole, après avoir formé l'Île Saint Sébastien et fait le bonheur des promeneurs, des pêcheurs, autrefois des bateliers, aujourd'hui des plaisanciers, qui, en l'empruntant, évitent d'avoir à franchir la zone, avec son grand banc de sable, et les courants dangereux du confluent. L'ancien chemin de halage, plus ou moins carrossable par endroits, permet de rejoindre l'écluse de Nicole, et donc le fleuve, puis d'avancer au pied de la digue, ici renforcée par des enrochements pour faire face à la violence des courants en période de crue, jusqu'aux quais de l'ancien port où venaient accoster les bateaux de transport de la ligne Bordeaux-Toulouse, pour y charger et décharger passagers et marchandises, ligne fluviale disparue à l'arrivée du train.

 Au centre du village, le bord du canal est accessible depuis la cent treize grâce à trois tunnels voûtés au bâti en pierre, creusés sous la voie ferrée. L'entrée du premier d'entre eux se trouve tout près d'un vieux noyer, quasiment au pied du jardin de la deuxième maison familiale que j'ai connue. Il débouche sur une ancienne esplanade, récemment délaissée, mais qui a longtemps été une aire d'accueil pour des familles de gens du voyage. Certaines d'entre elles se sont sédentarisées, ayant pu acquérir des maisons dans le village, en contrebas du cimetière et de la maison de ses aïeux qu'Hugues Aufray évoque dans sa chanson, à proximité d'un quatrième tunnel sous la ligne de chemin de fer, plus récent que les autres, en béton, presque invisible depuis la cent treize et donc essentiellement utilisé par les riverains ou quelques Nicolais plus éloignés qui en connaissent l'existence et accèdent, grâce à lui, à la berge du fleuve et aux anciens quais.

  Le noyer était pour nous un indicateur car il était parmi les premiers lieux atteints par l'inondation. Nous y descendions avec nos parents, au début, ou à l'arrivée de la crue. Lorsque l'eau avançait à sa hauteur, nous posions une grosse pierre sur le chemin conduisant à l'esplanade, au plus près de l'eau, puis revenions souvent pour vérifier la progression des flots au-delà, puis au-dessus de la pierre, ensuite, avec d'autres pierres, jusqu'à la route qu'ils finissaient par atteindre, puis couper. Les deux autres tunnels ne permettent pas aux eaux de la crue de déborder facilement sur l'ancienne nationale ou dans le village car leur sol est si bas par rapport à la route qu' un escalier a été bâti à leur sortie pour permettre en temps normal le passage des piétons. Enfants, nous attendions avec impatience que la cent treize soit inondée.

 Dès le début de la crue, le premier indice pour nous était le silence, tôt le matin, car l'absence de circulation indiquait que la route était coupée dès la sortie du pont *Napoléon* qui enjambe le Lot à Aiguillon. Des panneaux y indiquaient en effet une déviation permettant aux usagers de la cent treize de conserver la direction de Bordeaux, en passant par Clairac et les collines pour éviter le lieu-dit *Robinson*, à l'entrée de Tonneins, première portion de la route à être coupée par l'inondation. La famille était alors à l'écoute de la sirène des pompiers d'Aiguillon qui nous informait des prévisions et du suivi de la montée des eaux, à partir d'un code simple qui entraînait nos connaissances en calcul mental : la côte d'alerte, à partir de laquelle la sirène était mise en œuvre était à six mètres. Un coup long indiquait un mètre supplémentaire, un coup court vingt-cinq centimètres . Donc, par exemple, trois coups longs et deux coups courts indiquaient une côte prévue de neuf mètres cinquante. Nos parents, qui avaient acquis au cours des années une solide expérience, que nous tentions, enfants, de construire, nous indiquaient, en fonction de ces données, des repères au bas du village qui pouvaient être atteints par la montée des eaux. Ces informations étaient essentielles pour les villageois. Au-delà de huit mètres annoncés, côte indiquant l'inondation de la nationale dans Nicole, nombre d'entre eux, dont mon père, allaient garer le soir, avant l'arrivée de l'eau, leur voiture au bas de la rue de La Gourgue, afin d'avoir la voie libre le lendemain matin pour partir travailler. Car, même si la route était coupée par l'inondation, une coutume ancestrale permettait aux piétons de parcourir, à peu près à mi-colline, la longueur du village. Les propriétaires étaient tenus d'autoriser la traversée de leurs parcelles et d'entretenir ce droit de passage, en ajoutant, si nécessaire, des portails aux terrains clôturés. Il était donc ainsi aisé et sûr, tout en marquant des pauses pour bavarder avec les autres Nicolais rencontrés, de revenir à sa voiture, restée bien au sec, dans une rue hors d'atteinte pour l'eau, tout comme les routes qu'elle auxquelles elle conduisait. Enfants, bien sûr excités par cet événement qui brisait la monotonie de la vie dans le village, nous attendions la crue avec impatience et espérions toujours voir monter l'eau au plus haut. C'était aussi pour nous l'occasion de patauger dans l'eau de la Garonne qui venait à nous dans le bas du jardin.

Oubliant les conseils maternels, nous avancions trop et remplissions parfois nos bottes d'un liquide froid, limoneux et malodorant. Plus tard, adolescents, nous avions pour mission d'aider les villageois menacés par la crue à monter, surélever ou mettre en sécurité tout ce qui pouvait l'être avant l'arrivée de l'inondation. Celle-ci passée, nous revenions dans les maisons pour aider à nettoyer et débarrasser les habitations de la fine boue qui s'était infiltrée dans les moindres recoins. Les générations précédentes avaient parfois été appelées en renfort pour monter le *barrage* qui, à l'entrée du village, empêchait les eaux de se déverser en contrebas dans *la plaine*. Pour ma part, je ne l'ai jamais vu érigé. Les aménagements sur la Garonne et ses affluents, la gestion des niveaux de ces différents cours d'eau ont eu pour effet de lisser les pics de crues, de réduire leur force, limitant ainsi leur impact en terme d'inondations. J'ai pu en mesurer les effets en comparant les niveaux atteints dans un passé pas si lointain (niveaux qui sont indiqués par des marques gravées au sommet des arches des tunnels sous la ligne de chemin de fer, côté canalet) avec ceux dont j'ai été témoin. La dernière grosse crue à laquelle il m'a été permis d'assister, alors lycéen, date de Noël mil neuf cent quatre-vingt-un.

3. LA CROIX

Telle une sentinelle zélée et protectrice, La Croix, du haut du *Pech de Bère*, veille, depuis son édification en mil huit cent quatre-vingt-dix-sept, sur les deux vallées, du Lot et de la Garonne, mais surtout sur le village. Ainsi, les soirs d'été où l'atmosphère devient si chaude et pesante qu'elle en est étouffante, lorsqu'enfin éclate l'orage, elle concentre sur elle les impacts de foudre grâce à son paratonnerre, épargnant ainsi les habitations à son pied. Chaque éclair ne peut alors que faire sursauter les Nicolais, et disjoncter quelques compteurs électriques. Par sa présence, les forces de la nature qui se déchaînent offrent aux plus téméraires des villageois, ceux qui osent rester à l'extérieur de leur maison sous l'orage, un spectacle lumineux et assourdissant aussi beau qu'effrayant, même sous la protection de notre Croix.

Cette présence rassurante n'est pourtant ni aussi visible ni perceptible pour les Nicolais qui vivent à proximité ou au-delà de l'usine…

Même si la vie m'a conduit loin de Nicole, à chacun de mes retours en Lot-et-Garonne, je suis attentif au moment où, circulant sur l'A62, à peu près à hauteur de

Puch d'Agenais, je peux enfin voir à nouveau le Pech de Bère, reconnaissable entre mille grâce aux taches blanches de ses falaises calcaires et, bien sûr, la Croix qui le domine toujours et marque son identité.

4. NOS ORIGINES.

Bien que n'ayant pas fait de recherches généalogiques (j'y pense désormais sérieusement), je sais que les premiers *Lamarque* de la commune vivaient dans une ferme , près de *Lentre* et du lieu-dit *Le Luisant*, en surplomb du hameau *d'Ayet* et de la ferme *Les Capitaynes,* à l'extrémité ouest du plateau du Pech de Bère, aujourd'hui défigurée par une décharge à ciel ouvert, gérée par un SICTOM .

A l'occasion d'une sortie VTT, il y a plusieurs années, j'ai pu conduire mes deux fils, alors adolescents, sur le lieu où sont encore visibles quelques vestiges de leur maison. Ces agriculteurs produisaient, sur cette extrémité du plateau, du chanvre destiné aux corderies qui fournissaient les bateliers de la Garonne.

Mon père a dû connaître cette culture, lui qui nous chantait les qualités du chènevis pour la pêche à l'ablette.

Dans les générations suivantes, ma grand-mère paternelle , *Mamie Jeanne*, m'a parfois parlé de son beau-père qu'elle décrivait comme un colosse capable de colères terribles et craint par ceux qui le connaissaient. Il était conducteur d'attelages, charrette et mules la semaine pour transporter les productions des agriculteurs locaux, calèche et cheval pour conduire les familles aisées du village, tels les De Caubios d'Andiran, aïeux d'Hugues Aufray, à la messe du dimanche, ou pour d'autres occasions. Dans ce qu'elle m'en a dit, ou ce que mes oreilles et mon esprit d'enfant en ont retenu, elle citait l'anecdote selon laquelle une de ses mules lui résistant un jour, mon arrière grand-père se serait mis face à elle et l'aurait assommée d'un violent coup de poing au milieu du front… Pourtant cet homme, qu'elle décrivait comme rustre, disait souffrir de son manque d'éducation et a poussé ses deux fils à faire des études, condition de la réussite sociale, selon lui, en cette fin du XIX° siècle. Ainsi mon grand-père paternel a-t-il pu faire partie du petit nombre des bacheliers du tout début du XX° siècle, puis poursuivre des études qui lui ont permis d'intégrer la cimenterie nouvellement installée dans le village en qualité d'ingénieur chimiste.

 Ma grand-mère parlait de cette époque comme d'un temps béni pour la famille. Les revenus élevés de mon grand-père permirent au jeune couple qu'ils venaient de fonder, d'acheter plusieurs maisons dans le village, immédiatement louées à des ouvriers de l'usine (telles « Les Bleuets », face au cimetière).

La maison familiale, dans le quartier de La Gourgue, fut modernisée, agrandie. Ils purent alors y installer, au rez-de-chaussée, un commerce, qu'on qualifierait aujourd'hui de trop *genré* puisqu'il était scindé en deux parties, une aile mercerie-lingerie, qui accueillait une clientèle plutôt féminine, et une aile pêche-chasse, fréquentée essentiellement par des clients masculins.

Ma grand-mère, qui le gérait, était très fière de nous raconter qu'elle était alors une des premières femmes du canton à avoir obtenu son permis de conduire. Ce qui lui permettait de se déplacer de façon totalement indépendante avec sa propre voiture, une Rosengart cabriolet, précisait-elle. Jusqu'à sa mort en mil neuf cent quatre-vingt-dix, je l'ai toujours connue élégante, soignée, apprêtée, coiffée, peut-être comme elle pouvait l'être à cette époque.

Pourtant cet âge d'or ne dura pas longtemps. Mon grand-père fut vite rattrapé par la première guerre mondiale, et envoyé au front. Ma grand-mère, de son côté, abandonna son commerce et Nicole. Elle partit travailler à Toulouse dans les usines Latécoère, mettant à leur service ses talents de couturière dans l'assemblage et la réparation des toiles d'ailes d'avions.

A leur retour, l'un des tranchées, l'autre de la ville rose, ils eurent deux fils, Pierre, suivi de mon père, Jean, né en mil neuf cent vingt-deux, puis, sûrement victime des gaz de combat, mon grand-père paternel plongea dans une longue et terrible agonie qui s'acheva à la fin des années vingt et marqua le déclin financier de la famille, contrainte de vendre progressivement une grande partie de ses biens.

Reconnue veuve de guerre à la suite de son décès, ma grand-mère obtint, à ce titre, un poste de salariée à la manufacture des tabacs de Tonneins. Elle me raconta, à maintes reprises, les moments de peur qu'elle avait pu connaître lorsque, se rendant à vélo, parfois de nuit, à son travail, elle avait été arrêtée et contrôlée par des soldats allemands au cours de la seconde guerre mondiale.

A ce moment-là, mon père, son fils cadet, avait été incorporé *dans les chantiers de jeunesse,* créés par le gouvernement de Vichy. Plus tard, il fut déporté vers le camp de sinistre réputation d'Auschwitz, au titre du STO, service du travail obligatoire.

Après son évasion de ce lieu funeste (sa force de caractère, bien connue dans le village, faisait qu'il n'était pas de ces hommes que l'on peut contraindre facilement..) et son retour au village, devenu *réfractaire*, il intégra les groupes de résistants locaux, avant, le moment venu, de s'engager dans l'armée française reconstituée et reprendre le combat jusqu'à l'armistice, de Nicole à Berlin, en passant par le Médoc, Royan et l'Alsace.

 Il parlait peu de cette époque, à l'exception de rares anecdotes isolées, mais je me souviens de son refus de recevoir une distinction honorifique pour ses faits d'armes, arguant qu'un autre habitant du village avait reçu la même, lui qui, selon mon père, n'avait touché un fusil dans les années de guerre, que pour chasser l'alouette ou la grive ! Il refusait donc d'être « mis dans le même *sac*, ou *panier* », ma mémoire est incertaine sur le terme qu'il utilisait à ce sujet…

 Bien que de petite taille, mon père était un homme fort, honnête, courageux et travailleur, « vaillant » (selon le terme qu'il aimait utiliser), déterminé, obstiné (têtu diront certains qui l'ont connu). Il n'était pas de ceux qui renoncent à la première difficulté, mais, au contraire, de ceux qui lui font face pour la surmonter. Il a su nous transmettre cette force, cette volonté, ses valeurs et ainsi fait de ses cinq enfants des adultes dignes, responsables et respectables qui ont pu et su trouver leur place dans notre société.

5. L'ENFANCE, L'ÉCOLE

Les souvenirs de mes premières années de scolarité sont peu nombreux, j'ignore, par exemple, tout du trajet[3] de la maison à l'école. Le parcourais-je à pied, accompagné de ma mère ou ma grand-mère, comme me l'ont suggéré mes sœurs aînées qui étaient alors adolescentes, ou en voiture, conduit par mon père ? Je l'ignore.

Je me souviens de quelques bribes, quelques images lointaines du lieu, dont le portillon, une grille métallique peinte en gris clair, ouvrant sur le couloir extérieur au sol cimenté qui conduisait les élèves à la cour, puis au préau et à la classe des *petits* , je vois également le mur surmonté d'un grillage qui séparait notre école de la maison des voisins, et se prolongeait jusqu'au petit bâtiment des toilettes.

École, dont la bâtisse était alors, et est encore aujourd'hui, constituée de la mairie, encadrée par les deux classes, et coincée entre la nationale et la voie ferrée, face à l'église.

Mes deux sœurs aînées m'avaient appris les premières bases de la lecture. Entre ma

---

3   La première maison familiale que j'ai connue se trouvait dans le quartier de La Gourgue, bien loin de l'école.

mère et ma grand-mère, chacune me tenant une main, j'avais appris la suite des nombres en *comptant* mes pas sur la route qui conduit au sommet du *Pech de Bère* : de un à cent, puis, après cent, nous reprenions à un, précédé du nom de la centaine, et ainsi de suite après chaque centaine, jusqu'à mille.

C'est ainsi armé de ces savoirs déjà ancrés, plein de curiosité, et de soif d'apprendre que j'ai pu débuter ma scolarité, avec réussite, malgré mon jeune âge (j'étais alors plus jeune que mes camarades de la même classe... et le suis resté pendant toute ma scolarité, y compris pendant mes années de N*ormalien*).

Au cours des premiers niveaux, mon comportement en classe n'était pas toujours parfait, mais je dois dire que souvent je m'ennuyais devant les activités qui m'étaient proposées et que je trouvais trop faciles, ou inintéressantes, (ni la pâte à modeler, ni le dessin, ni la reproduction de figures géométriques à l'aide de cubes bicolores violet et blanc ne m'attiraient vraiment...), à l'exception de la lecture qui m'a toujours passionné. Je garde ainsi un souvenir ému de *Poucet et son ami l'écureuil*[4], avec lesquels j'ai appris à lire.

---

4 Méthode de lecture , Charlot et Géron, éditions Encre Violette, années 70.

A cette époque-là, la première maison familiale que j'ai connue se situait dans le quartier de *La Gourgue,* au pied de la Croix, non loin du bas de la route qui y conduit encore aujourd'hui, route dite, avec bon sens, *du Panorama.*

Notre père, mes quatre frères et sœurs et moi-même sommes tous nés dans cette maison au crépis extérieur sombre et aux volets alors verts (les nouveaux propriétaires les ont peints en bleu) et dont la *terrasse* dominait la rue de son haut mur et était partiellement couverte d'une véranda vitrée. Les images qui me reviennent de cette période des premières années de ma vie portent sur la maison, son intérieur, la glacière dans la cuisine (le réfrigérateur n'était pas encore généralisé, et n'apparut chez nous qu'après le déménagement de la famille dans notre deuxième maison). Je revois également l'appartement de ma grand-mère paternelle, situé sur l'arrière de la bâtisse, et *donnant* sur le jardin, dans lequel j'ai appris à désherber et arracher le *chiendent* à la binette entre les rangs de tomates ou de haricots verts. Mon frère et mes sœurs aînés m'ont parlé, au bout de ce jardin, d'un verger prolongé par une vigne qui montaient jusqu'à la route du *Pech de Bère* mais que je n'ai pas connus, cette parcelle ayant été vendue longtemps avant ma naissance pour permettre la construction d'un pavillon où vivait la famille T .

    Si Proust associait sa mémoire au parfum d'une madeleine, la mienne me renvoie à l'odeur de la cire utilisée pour l'entretien des meubles et de l' escalier présents dans l'appartement de *Mamie Jeanne*. Une image me revint ainsi de la vieille commode sur laquelle était posé un miroir ovale, alors que je circulais dans une ancienne droguerie, à une époque où il en existait encore, entre deux rayons aux étagères chargées de pots métalliques contenant de l' encaustique.

    Un autre élément important à mes yeux d'enfant, était la *charmille* qui me permettait de jouer à l'ombre ou de battre des records de vitesse avec mon petit vélo ou mon karting à pédales sur l'étroite allée cimentée que cette rangée de petits arbres protégeait du soleil. Nous séparant de nos voisins, la famille P., elle descendait vers *la terrasse* qui était entourée d'une balustrade en pierre, interrompue par un escalier qui donnait accès à la rue. Mon jeu favori, dont ma mère m'a parlé beaucoup plus tard car elle l'appréciait peu, consistait à arriver le plus vite possible en haut de l'escalier et freiner brutalement pour stopper au bord de la première marche. Ce jeu n'amusait que moi, ai-je appris une fois adulte, mais c'est lui qui m'a appris le contrôle et la précision nécessaires à une bonne conduite automobile et me fut donc bien utile. Pour descendre ensuite l'escalier en sécurité, revenu sur mes deux pieds, je pouvais me tenir à la balustrade, à gauche, ou, à droite, à une barre de métal, aux extrémités recourbées, peinte en vert, et scellée dans le mur, qui faisait office de rampe et permettait à mes courtes jambes, marche après marche, d'atteindre la rue qui nous séparait de chez *Mélanie*, une voisine très âgée qui reste aujourd'hui encore pour moi comparable au *Père Noël* car les adultes en parlaient souvent, mais je ne l'ai jamais vue.

Environ une fois par semaine, la camionnette Citroën HY rouge et blanche d'un épicier ambulant (pas totalement puisqu'il possédait également une boutique à Aiguillon) venait stationner au pied de l'escalier. Ma mère et nos voisines se retrouvaient alors à l'arrière du véhicule pour y faire quelques achats et bavarder. Pour ma part, curieux de découvrir l'intérieur de l'utilitaire, aux étagères chargées de boîtes et paquets colorés et parfaitement rangés, je montais sur le pare-choc arrière et, en me tirant des deux mains sur un des volets fermés, me hissais le plus haut possible, ce qui me conduisait le plus souvent à avoir le nez juste au-dessus d'un baril ouvert et plein de sardines séchées et salées dont l'odeur n'évoquait pas franchement la mer, comme on tentait de me le faire croire à l'époque…

  Mes promenades dans le quartier me permettaient de passer devant la villa aux volets orange de *Fernande P*, ou, plus loin, de subir les aboiements menaçants du chien d'un voisin, Monsieur S M dont la Peugeot deux cent trois noire, plus tard remplacée par une Renault six blanche, garée devant la maison, était bien visible de la rue grâce à un large chemin d'accès.

Un étroit escalier pris entre deux courts murs permettait d'atteindre la porte de la maison, masquée par une épaisse haie. C'est du haut d'un de ces deux murs, donc au-dessus de ma tête, que le chien venait aboyer et souvent me faire peur… Dans ce secteur, je préférais donc traverser la rue pour observer Monsieur J., en train de retourner la terre de son jardin avec son motoculteur, en contre-bas de la rue, derrière un grillage, ou s'occuper de ses légumes.

Il m'arrivait aussi de poursuivre ma promenade jusqu'au stop du bas de la rue. Je retrouvais alors Monsieur M. qui passait beaucoup de temps assis sur un banc devant sa porte, les pieds au ras de la chaussée de la nationale. Je m'asseyais alors sur le banc à côté de lui et tentais d'échanger avec lui qui n'était pas d'un naturel très bavard. Pour résumer, donc, je parlais et lui écoutait. Un jour, pourtant, il se leva et m'invita à le suivre de l'autre côté de la route, dans un minuscule verger planté en contrebas. Il sortit de sa poche un petit couteau pliant, cueillit une grenade qu'il ouvrit en deux et me fit goûter quelques grains rouges, juteux et sucrés de ce fruit. Une découverte pour moi qui en ignorais tout, jusqu'à son existence, quelques minutes plus tôt.

      Prenant parfois l'autre direction, vers le sommet de La Gourgue, il m'arrivait de m'arrêter jouer dans le grand espace devant la ferme d'André et Eliette D.. Au fond de cette cour, près d'un hangar de bois noir, peut-être un ancien séchoir à tabac, comme il en existe tant dans la vallée de la Garonne où cette culture s'est particulièrement développée, un sentier montait au travers d'une prairie vers la route du Pech de Bère, mais, jugé trop petit, les adultes me rappelèrent souvent qu'il m'était interdit de l'emprunter. Je restais donc jouer sur la petite terrasse devant la porte de la ferme, à l'ombre d'une énorme glycine, avec la petite-fille de ses propriétaires, amie sensiblement de mon âge (environ quatre ou cinq ans, peut-être six, à cette époque), peut-être Ghislaine ou sa sœur Myriam ?

    Plus loin, une grande maison comportait encore en façade une ancienne vitrine et les vestiges de l'enseigne en bois, devenue illisible, qui rappelaient qu'elle avait été autrefois, bien longtemps avant ma naissance, une boulangerie.

    Cependant, peu de souvenirs de l'école, à l'exception d'une difficulté récurrente : dès la petite classe, on me reprocha, à juste titre, le peu de soin que j'apportais à mon écriture, mais aussi, plus généralement, à mes travaux sur papier, dessin compris. J'avais, en plus, un caractère peu simple pour Mme O, l'enseignante de la classe des *petits*. Un jour, elle me gronda car je n'avais pas respecté les lignes doubles de mon cahier pour recopier une phrase écrite au tableau. Malgré ses remarques, et n'étant pas du tout sûr d'avoir eu à cœur de progresser et *m'appliquer,* comme elle le souhaitait, je continuai l'exercice, apparemment avec le même défaut, ce qui la conduisit à me réprimander plus fort encore et me tirer les cheveux. Délibérément alors, et très en colère, je repris l'exercice en écrivant en travers du cahier, le tournant dans un sens à quarante-cinq degrés, puis dans l'autre, ce qui me valut d'être «envoyé «chez le directeur» pour lui montrer *mon travail.* Comme je m'exécutai, celui-ci me prit sous son bras et frappa mes fesses avec une règle en bois, si fort que j'eus du mal à m'asseoir de retour dans la classe, mais sans entamer, bien au contraire, peut-être l'a-t-il alors renforcée, ma volonté de m'opposer à tout ce qui me paraissait imposé ou injuste.

    Quelques années plus tard, je suis arrivé dans la classe du directeur, Monsieur C., chez les *grands.* J'ai alors changé d'attitude et me suis pleinement investi dans ma scolarité, peut-être parce que Monsieur C. était sévère, plus certainement parce que je me sentais plus intéressé par les activités et les apprentissages qui m'étaient proposés.

    Le matin, les jours d'école, vers sept heures trente, alors installés dans notre deuxième maison, j'y reviendrai, nous descendions, avec mon jeune frère JP, nous asseoir sur le muret bâti au bas du jardin, au bord de la cent treize pour attendre le bus du ramassage scolaire, habillés, été comme hiver, de la même façon par notre mère : bermuda, grosses chaussures, chaussettes montantes, tablier et éternelle casquette vissée sur la tête....

    Les rituels étaient nombreux entre nous

dans l'attente du bus : qui l'apercevrait le premier lorsqu'il redémarrait du STOP de la Rue de La Gourgue et s'engageait sur la nationale, et pourrait l'identifier selon nos propres codes : *le petit car* désignait un Peugeot J7, *le grand car* un Saviem qui était également utilisé sur la ligne régulière qui permettait d'aller à Agen, et que nous empruntions parfois avec notre mère pour *aller en ville*. Celui que je préférais était un bus antique que nous appelions, j'ignore pourquoi, *le requin* (peut-être sa grille avant, métallique, évoquait-elle à nos yeux la gueule d'un de ces prédateurs marins, par ses grandes dents). Son bruit, son odeur d'huile et ses sièges inconfortables indiquaient son âge respectable.

Après un premier passage devant l'école sans s'arrêter, le bus continuait sa tournée de ramassage, marquant des arrêts de ci- de là pour charger des enfants qui l'attendaient au bord de la cent treize. Nous passions ensuite devant la cimenterie, lieu essentiel du village. Bon nombre de parents y travaillaient et étaient donc logés à proximité.

Le fonctionnement de l'usine, la fabrication du ciment avaient été ajoutés à nos programmes scolaires puisqu'ils donnaient lieu à au moins une leçon par an, parfois suivie de la visite d'un cadre de l'usine qui nous apportait des schémas complémentaires et des précisions techniques, qui nous échappaient souvent, (telles que le sens du mot *clinker*, que j'ai retenu, sans en comprendre à l'époque, le sens, car, au début des années soixante-dix, dans l'enseignement des sciences, incluses dans *les matières d'éveil*, point de démarche expérimentale, de raisonnement, d'hypothèses ou de réflexion, mais uniquement un empilement de connaissances, résumées dans un cahier et qu'il fallait restituer *par cœur* au cours de *contrôles* écrits, qu'elles eussent, ou non, été associées à un peu de sens ou de compréhension…)

    Les connaissances techniques sur le fonctionnement de la cimenterie nous échappaient donc, contrairement aux poussières blanches que crachait l'usine et qui recouvraient tout le village, transformant tout au long de l'année ses zones boisées en paysages de Noël.

    A cette époque-là les questions d'environnement étaient moins présentes dans notre société, et personne ne se préoccupait des effets possibles de cette pollution.

    C'est seulement aujourd'hui, environ un demi-siècle plus tard, que je me demande quelle peut être la quantité de ciment qu'ont reçue mes poumons au cours de mon enfance lorsque je courais à perdre haleine dans le coteau..

 La tournée du bus se terminait par la boucle dans la Cité Baudons où vivaient de nombreuses familles de salariés de l'usine. Il y chargeait, par exemple ,Martine, Eric et Michel L., ainsi que Maryline D ou Fabienne V., Martine P., précieuses ou précieux camarades de classe, au même titre que Serge P. qui, habitant le hameau d'Ayet, ne prenait pas le bus, mais venait certainement à l'école conduit par ses parents, ou Martine B. qui habitait en face de l'école, et n'avait que la route à traverser..

 Sur le trajet retour, près de l'usine et de la gare, un arrêt permettait de prendre en charge Pascale et Gérard J., et surtout, à mes yeux, car j'étais si impatient de la revoir,Cathy F., et seulement la voir, car je n'osais pas vraiment lui parler, Cathy[5], donc, mon premier amour, tel

---

5 Tous les ans, Aiguillon était et est peut-être encore aujourd'hui marquée par la *foire du vingt mars*. A cette occasion de nombreuses attractions foraines étaient installées sur les places du centre ville, et c'était, pour les enfants que nous étions, l'occasion d'une sortie pour toutes les essayer. Un soir, bien sûr accompagné de mes parents, je croisai Cathy, en compagnie des siens, qui me proposa de faire un tour avec elle sur les « avions », un manège composé de petits avions pouvant accueillir chacun deux enfants et fixés au bout de bras articulés qui leur permettent, tout en tournant, de monter ou descendre. Depuis, j'ai eu l'occasion d'emprunter à plusieurs reprises des avions de ligne en famille, mais ce premier *vol* fut si riche en émotions que je ne l'oublierai jamais : Cathy m'avait invité, donc elle ne m'ignorait pas comme je le

qu'il peut exister et s'exprimer (ou pas...) à huit ou neuf ans.

    Le bus nous laissait ensuite devant l'école et nous attendions sur le trottoir que le directeur, dans son éternelle blouse grise, juste ouverte sur sa cravate, nous ouvre l'école. Après avoir franchi le portail *des grands* nous nous précipitions dans la cour minuscule qui me paraissait pourtant immense à l'époque, courant dans l'espace libre ou sous le préau, où nous jouions à *chat perché*, un pied au sol, l'autre sur le socle de pierre au pied des poteaux de bois qui soutenaient son toit, ou préférant jouer aux billes près du puits proche de la voie ferrée, à l'abri du haut grillage qui était là pour nous protéger des objets divers lancés par d'indélicats passagers des trains de voyageurs. Les nombreux trous dans ce grillage montraient à la fois son côté indispensable et ses limites. Tout à côté, le petit jardin, associé au logement de fonction ne nous était pas accessible. A l'opposé, symétriquement, dans la cour des *petits*, de trouvait un bac à sable. Les deux cours étaient séparées par un portillon bas auprès duquel se retrouvaient, à chaque

---

pensais, et à chaque décollage, la sentant tout près de moi (les cockpits de ces avions sont minuscules), j'oubliais les quelques courts mètres qui nous séparaient du sol, pensant me rapprocher toujours plus près des étoiles, celles que j'avais dans les yeux en la regardant (d'un air sûrement sot et ridicule), pas celles de la galaxie...

récréation, les deux enseignants de l'école, chacun surveillant son secteur. Le directeur fumait là son éternelle cigarette jaune, couleur *papier maïs.*

 Les ballons étant jugés trop dangereux car certains avaient fini leur course au-delà du mur de la cour, et heurté des pare-brises de véhicules qui passaient sur la route, étaient donc interdits et nous devions jouer au foot avec de grosses pierres prélevées sur le ballast de la voie ferrée, en glissant une main sous le grillage qui nous en séparait. Nos chaussures souffraient évidemment de ce choix, tout comme nos jambes, et le poste de goal était souvent fui, au même titre que le jeu de tête, bien sûr. Jeu, de fait, bien limité par les difficultés que nous avions à pousser et contrôler un objet qui ne pouvait, du fait même de sa forme, rouler régulièrement, et notre quasi impossibilité à le faire décoller du sol. Une seule fois pourtant, j'ai pu voir une trajectoire aérienne d'un de ces cailloux. Fils d'une famille de travailleurs saisonniers portugais, et nouvellement inscrit à l'école, un camarade, dont j'ai oublié le prénom, sur un puissant dégagement a provoqué l'envol de la pierre, que nous avons tous consciencieusement évitée, en nous baissant à son approche, lui permettant ainsi d'atteindre la baie vitrée de la classe avec de gros dégâts à la clé, qui pourtant, contrairement à nos espoirs, ne changèrent rien à l'interdiction des ballons.

A l'occasion, les filles nous proposaient de jouer à l'une des marelles qu'elles avaient tracées à la craie devant les portes des toilettes . J'ai parfois accepté cette invitation, même si je préférais garder mes petites pierres plates, patiemment ramassées, triées et sélectionnées sur les berges du fleuve, pour tenter de battre des records de *ricochets* sur les eaux calmes du *canalet*, ou celles plus tumultueuses de Garonne (ici, on désigne parfois le fleuve par son nom, sans article, comme pour le *personnifier,* on va pêcher *à Garonne,* on marche sur les quais *de Garonne*)… Au signal donné par le directeur, nous nous rangions sous le préau, puis entrions dans la vieille classe au plancher rustique, et toujours parfaitement entretenu par Mme M., qui cumulait de nombreuses qualités, dont celles d'être un agent de service consciencieux, une voisine, et, peut-être surtout, la mère d'Annie, une camarade de classe, perdue de vue depuis de longues décennies, ayant construit ma vie bien loin de Nicole et du Lot-et-Garonne, peut-être en a-t-elle fait de même...

Pour entrer dans la classe, sa haute porte vitrée franchie, nous passions d'abord devant la porte, toujours fermée, qui donnait accès au logement de fonction du directeur, ainsi qu'à la mairie, ce dernier assurant également les fonctions de secrétaire de mairie. Puis nous allions nous installer à nos bureaux respectifs, découvrant au tableau la maxime du jour qui servirait de support à la leçon de morale quotidienne, et serait à recopier, sous la date, à cinq carreaux de la marge sur le cahier du jour, à la couverture cartonnée violette. Toute la journée de classe était rythmée par des interruptions bruyantes liées au passage de trains ou de poids lourds. Ces bruits étaient toujours gênants, mais ils l'étaient particulièrement pendant les séances de lecture *à haute voix* d'extraits choisis par le maître dans l'un de nos deux livres de lecture : le *vieux livre* ou le *belles lectures*. Ces séances marquaient la fin de chaque journée et étaient sans cesse interrompues, ce qui pouvait parfois sauver certains élèves qui avaient du mal à suivre et qui, une fois interrogés, pouvaient toujours arguer du passage d'un train ou d'un poids-lourd pour expliquer leur inattention… et tenter de masquer leurs paupières qui s'alourdissaient.

Mes camarades de classe écrivaient avec un stylo à bille, au corps jaune, mais, jugé trop maladroit, ou encore peu soigneux dans le geste graphique[6], je devais utiliser un porte-plume associé à un encrier en porcelaine inséré dans mon bureau. Pendant les dictées, le maître se tenait parfois derrière moi, non qu'il eût des doutes quant à mon orthographe, mais il pouvait ainsi me rappeler, d'une (plus ou moins) légère tape sur la tête, certaines règles de base concernant le geste graphique, notamment les fameux pleins et déliés qui lui paraissaient si chers, me reprocher une tache violette sur mon cahier dont le papier *grattait* parfois au passage de la plume *sergent-major* que je ne guidais pas toujours avec la dextérité nécessaire, ou une mauvaise utilisation du *buvard*..

    Je demeurais toutefois un très bon élève, réussissant une bonne scolarité qui me valut d'entrer très jeune au collège Stendhal d'Aiguillon.

    Un matin par semaine, faute d'école, était consacré au catéchisme. Mon père gardait à distance toute chose religieuse, mais ma mère

---

6 Cette anecdote m'est revenue en mémoire et m'a fait sourire lorsque, à l'occasion de ma première inspection en tant que jeune instituteur débutant. Après m'avoir fait toutes les remarques utiles liées à mon inexpérience, l'inspecteur m'a félicité pour mon écriture au tableau qui, selon lui, était proche de celle d'anciens instituteurs. Il ne faut donc jamais désespérer, tous les progrès sont possibles...

semblait y être plus attachée, c'est donc à sa demande, et pour lui faire plaisir, que nous nous rendions ces matins-là chez Madame D. qui tentait de nous apporter les bases de la religion catholique, fort heureusement dans une grande maison, *La Jouve*, entourée d'un parc où nous trouvions un portique et un toboggan qui motivaient grandement mon assiduité, bien plus que la découverte de la vie de personnages *bibliques*, l'analyse de *paraboles* ou la lecture d' extraits d'un *Testament*, fût-il A*ncien* ou N*ouveau*. Dans un village essentiellement ouvrier et dans lequel les idées politiques portaient plutôt *à gauche*, les enfants étaient peu nombreux à fréquenter ces cours, mais ceux-là semblaient leur porter plus d'intérêt que moi. Un matin, je lus ainsi dans le regard désespéré que m'adressa la bonne Madame D., que la réponse naïve, mais ô combien sincère que je venais de donner à sa question semblait l'attrister... Mais aussi quelle idée lui était passée par la tête lorsqu'elle nous demanda pourquoi nous venions au catéchisme. Voulant me protéger d'un mensonge, qui aurait été, selon ce qu'elle nous avait appris, un *péché terrible*, j'évoquai les jeux dans le parc avec les copains et les copines… D'autres semblèrent aussi la décevoir en évoquant les cadeaux promis à l'occasion de leur future *communion*...

Comme tous les enfants, malgré le catéchisme qui m'en avait indiqué la signification religieuse, j'associais bien sûr la fête de Noël aux cadeaux, mais aussi à un évènement particulier. Ma marraine, Claude G., pédiatre à Paris, venait passer les fêtes de fin d'année chez ses parents, Hélène et Roger, qui habitaient une petite maison ancienne, installée au bord de la route, près de l'école et face au troisième tunnel conduisant au bord de Garonne, ce qui la rendait parfois vulnérable aux inondations. A l'occasion des *fêtes*, Claude et Hélène aménageaient une immense crèche chez elles, crèche qui faisait le bonheur des enfants de leur quartier. Nous, nous étions favorisés, car nous pouvions la voir plus souvent, et surtout nous avions le privilège et la joie de passer la journée et le repas de Noël dans la pièce qui accueillait cette magnifique réalisation.

C'est à peu près à cette époque qu'eut lieu notre déménagement dans la deuxième maison familiale[7], au milieu du bourg. Mes

---

7 La maison familiale devenue trop petite pour notre famille qui s'agrandissait, mes parents l'ont vendue pour en acheter une plus grande. Selon ce que disait mon père au sujet de cet épisode, à cette époque, la cimenterie était propriétaire d'une partie importante du village, dont le château de Batz, ayant autrefois appartenu à un baron, descendant d'un parent éloigné du célèbre d'Artagnan. Le directeur de

souvenirs sont à partir de cette période, plus nombreux et j'ai pu vous en livrer bon nombre dans les pages précédentes. Mes frères et sœurs aînés, mariés, quittèrent la maison à peu près au même moment, réduisant alors la famille à nos parents, notre grand-mère paternelle *Mamie Jeanne*, et mon jeune frère JP, à associer au *nous*,

---

l'usine à qui mon père aurait rendu un service, lui proposa, au choix, de lui vendre, pour la même somme de cent mille francs de l'époque, le château ou ses écuries qui avaient plus récemment été aménagées en logements ouvriers, comme en témoignaient encore lorsque nous nous y installâmes les cabines de toilettes à la turque installées derrière les garages,et séparées d'une cinquantaine de mètres du corps du bâtiment. Mon père était alors artisan peintre en bâtiment, tout le monde dans le village le connaissait comme tel et l'appelait *Jeannot*. Il décréta donc qu'il ne pourrait jamais acheter le château, car cela pouvait créer une mauvaise image chez ses clients, et de possibles suspicions sur le montant des factures qu'il leur adresserait, les chantiers achevés. Au-delà de cet aspect, il préférait la modestie au *paraître*, et le côté ostentatoire lié à la possession d'un *château* lui déplaisait. C'est ainsi que j'ai grandi dans des écuries, certes réaménagées en maison d'habitation spacieuse, mais qui ne fut jamais vraiment aux standards de confort de la deuxième moitié du XX° siècle. Par exemple, une douche n'y apparut que plusieurs années après notre installation, et ma chambre, située bien loin à la fois de la cuisinière à bois de la cuisine et du poêle à mazout du séjour, plus tard remplacé par une cheminée, m'apprit à devenir résistant au froid, certains matins hivernaux, malgré la protection d'un énorme édredon de plumes, qu'il fallait bien quitter pour se rendre aux toilettes, immédiatement ajoutées à la bâtisse par une petite construction qui empiétait sur la terrasse, à l'arrière de la maison. Mais c'était notre maison, celle que j'ai connue de mes cinq ans à mon entrée à l'École Normale, avec mon premier appartement à Agen, à dix-huit ans, et qui reste donc chère à mon cœur, chargée d'innombrables souvenirs.

6. LES ÉCURIES, LA MAISON

La maison, installée depuis des siècles presque à mi-colline, à côté du château, domine la route qui traverse le village et reste donc à l'abri de tous les caprices du fleuve, beaucoup moins du bruit lié au passage des trains...

Mes parents y ayant renoncé, le château fut vendu à d'autres et nous eûmes bientôt pour voisins Jacques et Claudine S. qui s'installèrent dans une aile du bâtiment, Jean-Claude et Liliane M. dans l'autre aile. Jacques S. et mon père ayant les mêmes travers de caractère, étant, l'un et l'autre ,entiers, nerveux, sanguins et parfois colériques, le voisinage fut parfois tendu, chacun cherchant (et parfois créant ou provoquant) le détail qui pourrait être à l'origine d'un nouvel incident ou d'une altercation.

A plusieurs reprises, leurs *engueulades* se terminèrent par des menaces « d'aller chercher le fusil » .. Fort heureusement les deux protagonistes mettaient plus de force et d'intention dans leurs joutes verbales que dans leurs actions, ce qui nous mit à l'abri de drames potentiels. Le village conserva également son calme, n'ayant pas à subir un remake de *règlement de compte à OK Corral,* ou du duel d'*Il était une fois dans l'Ouest*. Aucun Nicolais, Hugues Aufray ayant quitté le village depuis longtemps, n'était, de toute façon, capable d'accompagner la scène d'un solo à l'harmonica à la manière *Ennio Morricone* , ce qui l'aurait privée d'une grande partie de son intérêt.

Toute en longueur, conformément à son ancienne utilisation, la bâtisse expose encore aujourd'hui, sa façade blanche, soulignée du rouge *basque* dont mon père avait peint les encadrements de fenêtres, les volets, ainsi que le bandeau linéaire de pierre qui court sur toute sa longueur.

A l'avant de la maison se trouvait un petit jardin planté, entre autres, de massifs de rosiers, assez grand et plat pour accueillir l'été une minuscule piscine gonflable ronde ou une petite cabane en toile. Mon père y fit ensuite bâtir une petite terrasse en béton qui surplombait le chemin d'accès à la maison, également bétonné. Le muret qui entourait cette terrasse était pour nous une base idéale pour grimper dans les acacias tout proches et nous lancer dans de nouvelles activités physiques.

Orientée plein sud, la maison bénéfice d'un ensoleillement dont est privée la terrasse arrière, toujours à l'ombre, froide et humide, comme les chambres dont les fenêtres s'ouvrent sur cet espace. La mienne était de celles-là. Sur ce côté de la maison, des anneaux de métal scellés dans le mur rappellent la fonction première du bâtiment, tout comme le vieux mur de pierre partiellement effondré qui en limite une extrémité, dernier vestige visible d'une ancienne remise. Le haut de ce mur était pour nous la porte du coteau.

7. LE COTEAU, LE *PECH*, LA CROIX

Enfants, , le *coteau* était notre vaste espace de jeux. Comme Pagnol vénérait ses « collines », mes souvenirs d'enfance sont attachés à de grandes courses dans le *coteau*. Nous marchions au sommet du vieux mur ou franchissions les grillages installés par notre père derrière la maison, gravissions un talus très raide et envahi de hautes herbes, puis traversions une prairie, au fond de laquelle se trouvait un trou d'eau que nos parents nous invitaient à éviter, l'appelant *le puits*, nous conseillant de nous en tenir le plus éloignés possible. Ce petit pré traversé, nous devions choisir entre deux directions possibles : suivre une sente qui entrait dans le petit bois de *la maison démolie* ainsi nommions-nous une ancienne bâtisse en ruine perdue dans la végétation (peut-être une ancienne ferme abandonnée, vestige d'un possible et lointain passé agricole du coteau), ou traverser par un étroit passage une haie et atteindre une deuxième prairie dans laquelle nous retrouvions souvent les vaches du laitier, Monsieur D., ami d'enfance de notre père. Il nous demandait parfois de les *garder*. Nous devions alors surveiller les bovidés et repousser gentiment, mais fermement vers le centre de la prairie ceux qui s'approchaient trop des trois ou quatre sentiers qui y conduisaient et auraient pu permettre aux animaux de s'en échapper.

    Nous allions aussi jouer sous un cyprès isolé qui dominait cette prairie et que nous appelions *la sapinette* . Ce cyprès, de sa hauteur, nous a souvent surveillés. Nous passions des heures à jouer à son pied, le plus souvent dans la terre sèche, poussiéreuse, qui nous permettait de tracer de belles routes destinées à nos voitures miniatures.
Mais *la sapinette* fut aussi le témoin de moments plus *originaux*.

    Ainsi, un après-midi, arrivés à son pied, nous découvrîmes que nous y attendait un pneu de voiture, couché dans l'herbe. Au prix de gros efforts, nous l'avons hissé au sommet du talus, tout en haut du pré, puis redressé en position verticale. Il fallait lui résister avec force pour qu'il ne roulât pas dans la descente, avant de comprendre l'intérêt de cette attraction vers le pied de la colline. Bien équilibré en position verticale, nous l'avons alors poussé vers le bas. Il prit ainsi de la vitesse, sautillant à chaque touffe d'herbe, évita *la sapinette*, confirmant ainsi que nous l'avions bien orienté, traversa le roncier qui poussait au pied de la première rangée de tilleuls qui marquait l'ancienne allée du château, sauta le talus que le roncier bordait. Ce saut lui valut de rebondir sur la chaussée empierrée de l'allée, de prendre de la hauteur, traverser les branchages des tilleuls de la deuxième rangée, accompagnant sa trajectoire de nombreux craquements, avant de plonger et heurter violemment, si j'en crois le bruit émis par le choc, le hangar qui se trouvait en contre-bas. JP voulut descendre se rendre compte à la fois du trajet du pneu et des dégâts éventuels qu'il avait peut-être occasionnés, mais je l'en dissuadai, pensant que monsieur M., le propriétaire du hangar, alerté par le bruit, était sûrement déjà sur place. Il nous reconnaîtrait sans mal, et pourrait alors raconter nos exploits et notre découverte de la gravité à notre père, qu'il connaissait bien. Père qui, très à cheval sur les règles à respecter et l'image de notre famille dans le village, ne manquerait pas de nous faire les reproches, et nous infliger une punition, certes mérités. Deux questions restèrent donc sans réponse : d'où venait ce pneu, et qu'était-il ensuite devenu ?

  Un autre après-midi nous plongea dans d'autres questionnements. Arrivés au pied de *la sapinette*, nous l'avons découverte partiellement recouverte d'une grande toile aux reflets métalliques, accrochée dans son feuillage. L'extrémité inférieure de cette toile était composée de filins auxquels était suspendue une étrange boîte métallique. A l'époque où nous suivions à la télévision la série *Les Envahisseurs* , nous imaginions déjà rejoindre *David Vincent* et, sans être passés par l'étape d'une nuit brumeuse, avoir trouvé une trace de vie extra-terrestre. Nos parents, aussitôt prévenus, associèrent plutôt l'objet à un ballon sonde lancé par le centre de Météo-France situé à Toulouse qui aurait mal terminé son vol et se serait écrasé au sol, ou plus exactement dans l'arbre. Ils nous dirent qu'ils allaient s'occuper de rendre l'objet à son propriétaire et c'est ainsi qu'il fut effacé de nos mémoires.

Mais, le plus souvent, depuis *la sapinette*, toute la colline nous était offerte et nous courions des heures, de chemin en chemin, de bosquet en bosquet, de niveau en niveau[8], gardant la Croix, toujours visible, comme point de repère. Nous poursuivions notre ascension vers le

---

8   La colline, ayant longtemps été exploitée par la cimenterie n'offre plus un versant régulier, mais une succession de « paliers», anciennes routes empierrées pour les plus étroits, ou anciens sites d'extraction pour les plus larges, tous plus ou moins envahis par la végétation, la nature reprenant ses droits dès que les lieux sont délaissés par l'homme...

plateau, traversant des haies aux ronces, aubépines et prunelliers dont nous avions appris à nous méfier et nous protéger, mais qui n'épargnaient aucun de nos membres, courant dans les prairies de *l'ermitage* ou du *plateau*, glissant parfois dans l'argile des mares, escaladant, grimpant, gravissant des endroits souvent très escarpés, montant dans les arbres mais évitant toujours l'entrée dans les *galeries* (pour nous pas de grotte abritant un gros *zibou* capable de défier un *héros formidable*...) dont nous savions qu'elles représentaient un réel danger par leur instabilité. Les cratères bien visibles sur le plateau montrent encore aujourd'hui l'effondrement de quelques-unes d'entre elles.

 Le *coteau*, lieu d'aventures, de découvertes, de jeux avec JP, mais aussi avec nos camarades ou voisins, tels Jean-Jacques[9], qui nous apprenait des chansons paillardes que nous hurlions à tue-tête en marchant, sans en comprendre le sens, mais aussi Véronique, Valérie, Pascal ou encore Sonia et notre nièce Christelle, beaucoup plus jeune que nous...

 Atteindre le pied de la Croix relevait du défi, car nous devions aussi franchir, ou plutôt escalader les falaises des anciennes carrières.

---

9 Que sa mère appelait *Titou*, peut-être une contraction de *Petitou*, puisqu'il était le petit dernier de sa fratrie.

Dans les mares, à leur pied, nous prélevions parfois, à la demande du maître, quelques tritons ou têtards, qui faisaient ensuite l'objet d'observations en classe, et d'une nouvelle l*eçon d'éveil.* Au cours de cette pêche, nous maculions nos vêtements de boue blanche et alourdissions nos chaussures d'énormes masses d'argile collante.

Le plus souvent, une fois le plateau atteint, nous courions jusqu'au socle bâti sur lequel la Croix est installée et qui se se révélait être une récompense car il nous offrait de nouvelles possibilités de jeux, l'escaladant grâce à ses pierres en saillie qui offraient de belles prises sur ses faces externes, ou nous poursuivant dans le tunnel qui le creusait, comme l'avaient fait avant nous nos aînés, pour atteindre le premier la plate-forme d'où nous pouvions profiter d'un panorama magnifique sur les deux vallées, du Lot et de la Garonne, le village, la *plaine*, le confluent ou Aiguillon.

A huit ou neuf ans, quel sentiment de force, de puissance, de bonheur, que celui offert par le fait de pouvoir dominer tous ces espaces, les sentir minuscules à nos pieds : les véhicules sur la portion à trois voies de la nationale, les trains se déplaçant comme des jouets, des miniatures, les tracteurs dans les champs, dont nous connaissions les propriétaires. Nous lisions le paysage comme une carte, cherchant à retrouver *d'en haut* les maisons connues, les chemins empruntés. Le Pech devenait notre *Garlaban*. Pourtant, de ce point haut, il nous était difficile d'apercevoir le confluent, *(La) Pointe*[10] et son banc de sable au milieu du lit du fleuve, masqués par les peupliers de l'Île Saint Sébastien. Pour cela, il nous fallait redescendre du socle et faire quelques pas sur le plateau vers l'Ouest afin d' obtenir un meilleur alignement, dans l'axe de Garonne.

Il nous arrivait parfois aussi de parcourir tout le plateau ou de descendre sur l'autre versant pour atteindre le hameau de *Lascombes*, pensant déjà aux efforts et au temps nécessaires pour parcourir le chemin du retour.

Au-delà des jeux, nous avions aussi beaucoup de plaisir à nous éloigner dans la colline pour cueillir de belles gerbes de mufliers, que nous appelions *gueules de loup* et

---

10 Ainsi désigne-t-on ici le site du confluent. Il est possible, à condition de respecter les propriétés privées, les lieux naturels ou exploités par l'homme (peupleraie), d'atteindre à pied cet endroit : un sentier qui débute sous le pont métallique de la voie ferrée à Aiguillon, sur la rive gauche de la rivière, permet, en longeant le Lot, de marcher jusqu'au confluent. Mais, chut, ne dites à personne que je vous l'ai indiqué, seuls les natifs du coin connaissent cet accès, et des riverains pourraient m'en vouloir et me reprocher d'avoir divulgué cette information, je vous fais confiance, ça reste entre nous… Ce lieu doit rester préservé d'une trop grande fréquentation et de toute forme d'incivilité (ni papier ou mégot de cigarette jeté, ni plante piétinée ou cueillie, par exemples, pas plus de bruits ou agissements qui pourraient déranger la faune. Pour apprécier un site naturel, il faut d'abord savoir le **respecter**…)

que nous offrions avec fierté, de retour à la maison, à notre mère, qui nous avait préparé un solide goûter, fait de pain et chocolat ou confiture maison. Nous courions ainsi des après-midi entiers, comme l'avaient fait nos aînés avant nous, passant par d'anciens chemins plus ou moins carrossables , derniers vestiges de l'exploitation de la carrière ou dans des sentes, nous enfonçant dans des haies dont les buissons épineux, églantiers, ronces ou prunelliers ne manquaient pas de marquer nos jambes et bras nus. Il nous fallait parfois y percer nous-mêmes un nouveau passage, nous glissant alors au travers d'un buisson de buis, petits ormes, noisetiers ou de fenouil au fort parfum anisé. Nous provoquions parfois l'envol d'un passereau ou d'un criquet. Un glissement au sol nous indiquait la fuite d'une couleuvre qui, loin de nous apeurer, excitait notre curiosité. Nous cherchions absolument à la voir et estimer sa taille, mais le reptile disparaissait au plus vite sous le couvert végétal pour échapper à l'œil perçant et aux serres des rapaces qui tournoyaient lentement au-dessus de nos têtes. Même si elles marquaient nos peaux ou griffaient nos vêtements, nous n'étions jamais vraiment fâchés après les ronces qui savaient aussi nous offrir leurs *mûres,* baies douces et sucrées qui trahissaient notre gourmandise en noircissant nos lèvres, nos dents, notre langue et surtout nos doigts. A l'école, avec les camarades, nous parlions souvent du coteau qui nous attirait tous. Bien sûr, en fonction de notre domicile, proche de l'église, de l'usine, du quartier de La Gourgue, ou de la cité des Baudons, nos accès, nos jeux, nos visions du coteau étaient différents, chacun ayant ses propres lieux-repères[11], un ancien concasseur, une mare, un arbre remarquable, une vieille bâtisse, une garenne,... mais nous partagions tous les mêmes idées, sentiments de liberté, d'aventures que nous lui associons, et la même envie d'atteindre le plateau, forcément par des chemins différents et en des points parfois très éloignés.

---

11 Ainsi un jour où nous rejoignions *Titou* chez lui, à La Gourgue, il put nous faire découvrir le *raccourci* qui permettait de quitter la route goudronnée dès son premier virage. Au sommet du talus, une étroite sente s'enfonçait dans les broussailles. Celles-ci traversées, tout comme la *sablière,* puis les *bambous,* la pente devenait plus raide dans les buissons mais permettait, une fois gravie *à quatre pattes* d'atteindre puis de franchir un rocher tombé de la falaise et resté au bord de la route avant, peu à peu, d'être recouvert par la végétation. Nous pouvions alors rejoindre le bitume pour gravir la dernière partie de la montée après avoir gagné plusieurs hectomètres de marche, bénéfice perdu par les efforts à fournir, bien supérieurs à ceux nécessaires pour *monter par la route.*
De retour sur le bitume, nous gravissions une ligne droite qui nous offrait un superbe panorama sur la vallée, *Saint Armand* à nos pieds, et parvenions enfin aux derniers lacets que nous évitions grâce à un deuxième raccourci. Il nous fallait alors escalader un talus rocheux quasi-vertical pour ensuite cheminer dans un sentier abrupt tracé dans de hautes herbes au sommet de la falaise.
De retour sur le bitume, celui-ci traversé, il fallait réitérer l'opération pour atteindre enfin le terme de la route, l'endroit où elle devient un parking en décrivant une boucle autour du socle sur lequel est érigée la Croix.

Les générations qui nous ont précédés ont sûrement vécu les mêmes choses, et j'espère que les petits Nicolais d'aujourd'hui et ceux de demain n'en sont et n'en seront jamais privés, malgré les évolutions de notre société, telles que l'ouverture du SICTOM qui défigure une partie du plateau et peut présenter un danger, ou les questions d'insécurité qui peuvent inquiéter aujourd'hui des parents à l'idée de laisser gambader seuls leurs enfants dans la nature...

Ce lieu m'est donc particulièrement cher. Il l'est encore plus aujourd'hui car, comme il l'avait souhaité, nous avons déposé, en août deux mil vingt-et-un, après son décès, les cendres de mon frère aîné André au pied de la Croix, à la verticale de notre maison natale. Son orientation fait que, le talus sur lequel il repose pour l'éternité tout en haut du Pech de Bère étant exposé au sud, il ne reposera jamais réellement, au sens propre, *à l'ombre de la Croix*, mais à son pied. C'est donc, plus que jamais, notre repère familial, la marque (sans mauvais jeu de mots) de notre enracinement profond.

Plus tard, c'est à vélo, et par la route, que nous réalisions cette ascension, ce qui relevait à chaque fois de l'exploit.

7. LE VÉLO, LA LIBERTÉ

j'ai, de tout temps, eu un lien particulier avec *la petite reine* . Mes souvenirs les plus lointains me renvoient à un petit vélo bleu de marque Terrot, avec, puis sans roues stabilisatrices.

A mon arrivée au collège, mes parents m'ont offert un vélo Peugeot orange, dit de cyclotourisme, équipé de grandes roues et d'un dérailleur offrant dix braqués (nous disions dix *vitesses réparties sur deux plateaux et cinq pignons*) différents. Il m'ouvrit de nouveaux champs d'exploration, associés à un grand sentiment de liberté puisque je pouvais, de façon autonome, aller bien au-delà des limites de la commune. Ce vélo était rangé dans un des trois garages bâtis près de la maison, *le garage du milieu,* disions-nous avec mon jeune frère qui y avait aussi le sien. Prendre la clé de ce garage (le premier était réservé à la voiture paternelle, ainsi qu'à ses grandes échelles à coulisse et ses cannes à pêche, le dernier à la voiture et au vélo *de course* de notre frère aîné), en ouvrir la porte, c'était déjà se plonger dans des odeurs associées à la liberté, cette nouvelle liberté, qui sentait un mélange du mazout de la cuve destinée à alimenter le poêle qui chauffait avec plus ou moins d'efficacité la maison entière, de l'huile de la tondeuse à gazon, de poussières diverses amassées pendant des années sur des outils de jardinage, ou divers objets et vieux meubles entreposés là. Nous retrouvions alors nos vélos et les enfourchions pour partir *à l'aventure, à la découverte. Nous choisissions seulement une direction générale, le détail de la virée venait ou s'affinait ensuite, en fonction des circonstances, des envies, parfois de la fatigue ou des caprices de la météo, tels que la chaleur, la menace d'un orage ou l'évolution du vent, ou bien d'une idée soudaine qui nous venait, provoquée par l'approche d'un lieu nouveau ou déjà connu..* La première difficulté consistait à négocier la descente qui conduisait à la cent treize, et prendre ensuite celle-ci en sécurité, en tenant compte du trafic souvent important . Plus loin, il fallait tourner à gauche dans un carrefour situé dans une courbe de la nationale, ce qui limitait la visibilité, pour entamer l'ascension de la côte de La Gourgue qui nous conduisait à passer devant notre maison natale, au prix d'un effort important. Passée l'ancienne boulangerie, la descente nous permettait de reprendre notre souffle, tout en restant vigilants à l'approche d'un carrefour dangereux. La petite route qui reliait le village à la nationale, à trois voies à cet endroit-là, en pleine campagne, était souvent empruntée par des automobilistes si pressés qu'ils en négligeaient parfois le stop, peu visible, il est vrai, à l'angle d'une vieille grange. Un peu plus loin nous passions devant une ferme dont le jardin était limité côté route par un mur à l'inclinaison si inquiétante que nous nous demandions parfois s'il serait encore debout, ou effondré dans le fossé à notre prochain passage. Ensuite, la route se scindait en deux, faisant une fourche. En son centre, était planté un énorme cerisier très attirant et, malgré les cris du propriétaire, et les réprimandes ou les punitions de notre père qui le connaissait et avait donc été informé de nos *méfaits*, nous ne pouvions pas toujours résister à l'envie de nous arrêter pour grimper dans l'arbre et prélever quelques fruits sucrés et juteux. Bien sûr la morale et l'éducation que nous avions reçues réprouvaient cette action, mais, peut-être par ignorance, innocence, ou mauvaise foi enfantine, nous ne pouvions la considérer comme un vol, simplement une *bêtise*, une désobéissance. La route de droite, dite *de la voie royale* avait à nos yeux peu d'intérêt, puisqu'elle traversait uniquement, en ligne droite, des cultures maraîchères. Nous prenions donc, le plus souvent, celle de gauche, *la route de Saint Armand*. Passés devant Perron et la ferme de la famille L. à qui appartenait le cerisier, nous arrivions à la départementale qui relie Clairac à Aiguillon. Au stop, la première option consistait à traverser et nous diriger, le long des champs de fraises vers la ferme, le *château de Saint Armand à Chanteclair*, propriété de la famille Ch., et que traversait le chemin communal. Nous saluions souvent Mme Ch., assise devant sa porte, lisant, brodant ou tricotant. Plus loin, le même chemin nous conduisait au hameau de Pélagat, en roulant, après une courte montée, au sommet goudronné de la digue de terre qui protégeait champs et fermes des crues du Lot. Le plus souvent, nous prenions la départementale qui conduisait à Clairac, malgré les recommandations de nos parents qui nous la déconseillaient à cause du nombre important de camions qui l'empruntaient. Il nous fallait alors franchir la petite côte permettant de contourner le hameau de Pélagat, au bout du parking du *Pacha*, une discothèque. Quelques hectomètres encore et nous passions au pied de la ferme du Roc, puis descendions vers le carrefour de la route de *Lascombes*. Celui-ci traversé, il fallait entamer le long faux-plat montant vers le hameau de

Fernand, en ligne droite, qui nous paraissait interminable et était bien plus épuisant qu'il n'y paraît. Les virages du hameau négociés, nous profitions de la route qui redescend légèrement, suffisamment en tout cas pour reprendre un peu de vitesse tout en récupérant. L'arrivée à Clairac est marquée par le franchissement d'un petit vallon en ligne droite abritant un moulin. La descente nous permettait de prendre suffisamment d'élan pour limiter nos efforts dans la courte montée vers le cimetière. Celui-ci franchi, l'entrée dans le bourg nous imposait de redoubler d'attention car elle nous conduisait dans une rue étroite, sombre, bordée de hautes maisons en pierre, rue qui descend en pente raide vers le pont sur le Lot, et traversée de nombreuses ruelles . Il ne fallait donc pas prendre trop de vitesse dans la descente, et ce d'autant moins que cette rue s'élargissait soudain sur un carrefour permettant d'atteindre le pont par une rampe faisant une courbe à gauche et terminée par un stop. Arrivés là, nous prenions le plus souvent la direction de Bourran, par Longueville, et circulions, par de petites routes au travers de la vallée agricole du Lot, redoutant à chaque approche d'une ferme, la présence de chiens sur la route. Chiens qui ne manquaient pas de nous poursuivre en aboyant de façon menaçante. Ainsi JP fut-il victime d'une grosse chute, poursuivi par deux bergers allemands, près de St Brice. Si sa chute me parut impressionnante, elle ne fut pourtant que bénigne puisqu'il s'en tira avec *seulement* des écorchures aux jambes et aux bras, nous rappelant ainsi que le revêtement des routes était très abrasif. Dans le Sud Ouest, l'été, il peut faire très chaud. Étrangement, j'aimais bien alors l'odeur du goudron fondu que dégageaient les petites routes que nous empruntions. A l'occasion d'une de ces balades, parfois longues, à bicyclette, au cours d'un été caniculaire(peut-être en mil neuf cent soixante-seize), nous étions passés à Clairac, chez mon ami Patrick, puis à Marsac, chez un autre ami, Jean-Luc. Les deux copains ayant accepté de nous suivre sur leurs propres vélos, c'est donc à quatre que nous nous sommes lancés, en plein soleil, et en pleine chaleur, dans l'ascension de la côte de Laparade. Nos bidons de plastique rapidement vidés de leur eau tiède, épuisés, en sueur et assoiffés, nous avons tout de même atteint le sommet de la côte et le village. Sur la petite esplanade qui marque son entrée se trouvait alors un café. (qui a aujourd'hui cédé sa place à un restaurant). Entrant tous les quatre, dans la salle, après avoir appuyé nos vélos contre un arbre, nous avons aussi poliment que possible, salué la dame qui se trouvait derrière le comptoir et lui avons demandé un peu d'eau, n'ayant pas d'argent sur nous pour espérer pouvoir boire autre chose. Pour répondre à sa question, nous lui avons confirmé que nous étions arrivés devant chez elle à vélo, après l'ascension qu'elle connaissait bien, ce qui sembla l'impressionner. Nous laissant quelques secondes et nous demandant de l'attendre, elle disparut derrière une porte, puis revint bientôt avec quatre verres de menthe à l'eau, fraîche, mais pas glacée, qu'elle nous offrit *pour nous féliciter de notre courage* . Après toutes ces années, si cette dame vit encore, lit ces lignes et se reconnaît, je voudrais ajouter de très sincères remerciements à ceux que nous lui avons adressés sur le moment. Ce fut là certainement la meilleure menthe à l'eau que j'ai bue dans ma vie, et, un demi-siècle plus tard, elle est toujours présente dans ma mémoire.

      De passage, il y a quelques années à Laparade, j'ai, bien sûr, raconté cette anecdote à ma femme et mes enfants, alors que nous dînions dans la salle du restaurant qui a remplacé ce café.

Parfois, il nous arrivait également de choisir d'autres directions qui pouvaient nous conduire vers Aiguillon, puis Lagarrigue, où nous pouvions rejoindre un autre camarade de classe, Henri-Paul, et ensuite monter vers Galapian, Saint Salvy, Frégimont ou Prayssas, ou redescendre vers la vallée du Lot par Ste Radegonde, Bourran et Lafitte, poussant parfois jusqu'au Temple Sur Lot, Lacépède ou Saint Sardos… Ni les collines et leurs montées parfois longues et raides, ni les kilomètres ne nous faisaient peur, et l'époque était assez sûre pour laisser des enfants, ou préados alors, puis ados, circuler librement. D'aussi loin que nous allions, en tournant notre regard vers Nicole et le Pech de Bère, nous pouvions toujours voir trônant fièrement à son sommet l'immense croix, dominante, rassurante, presque protectrice.

  Plus tard, en entrant au lycée, JP et moi pûmes rouler à cyclomoteur sur ces mêmes routes.

  A la même époque, j'avais également été doté d'un vélo de course qui me permit d'intégrer le CCA, Cyclo-Club Aiguillonnais, grâce auquel, encadré par des adultes expérimentés, je pus encore élargir mon périmètre de sorties. Aux virées dominicales d'une centaine de kilomètres au sein des vallées, et surtout collines du département, des sorties exceptionnelles m'ont conduit jusqu'à l'Océan ou dans les Pyrénées.

    A ce moment de ma vie, à quatorze ou quinze ans, peut-être seize, je maintenais mon entraînement tous les soirs après la classe. De retour à la maison, à peine descendu du bus, j'enfourchais mon vélo, parcourais quelques kilomètres dans la plaine en guise d'échauffement, puis gravissais la côte du Pech de Bère que les cyclotouristes du Lot-et-Garonne connaissent bien et parfois redoutent tant elle est réputée pour sa difficulté. Arrivé au sommet, je faisais le tour de la croix, sans descendre de vélo, et redescendais vers le village. Puis, rendu au stop au pied de la colline, je faisais demi-tour et me lançais dans une deuxième ascension, toujours avec succès. Je n'ai jamais failli dans cette épreuve, jamais mis pied à terre, malgré des moments difficiles, parfois de doute, de souffrance, je l'avoue, au cours desquels je fus parfois tenté de renoncer, sans toutefois céder... Je pouvais ensuite rentrer chez mes parents et, après une douche et un goûter rapide, me mettre à mes devoirs et leçons...

Il faut dire les ascensions à vélo ne m'ont jamais impressionné, y ayant été initié très tôt. Alors âgé d'onze ou douze ans, guidé, accompagné et encouragé par mon frère aîné, à cette époque jeune trentenaire, et adepte de vélo[12], je gravis ma première difficulté hors Pech de Bère, avec succès : la côte de Seillade, à l'entrée de Clairac, ascension courte, mais bien pentue…

---

12 C'est sûrement mon frère André, que je voyais souvent sur son vélo de marque Gitane, se lancer dans de grandes virées qu'il nous racontait à son retour, qui m'a inoculé le virus du sport cycliste, addiction renforcée ensuite par ma sœur Anne-Marie et son mari Serge, membres du CCA, qui m'ont conduit à l'intégrer. De même, le *Tour de France* a bercé mon enfance, à la télévision, ou au bord des routes pour des étapes peu éloignées de Nicole.

8. LES ESCARGOTS

Après les pluies d'été, à la nuit tombante, le coteau nous offrait une autre activité : la chasse aux escargots. Armés de nos deux mains, de nos yeux, d'une lampe électrique et d'un seau en plastique, nous repartions dans les prairies que nous connaissions par cœur et auscultions attentivement les bordures des haies. Alors que mon père et JP excellaient dans cette pratique, je montrais vite mes limites, comptant souvent plus de craquements de coquilles sous mes bottes qu'il n'y en avait au fond de mon seau. Le bilan de ces soirées s'avérait pourtant très souvent suffisant pour donner un travail supplémentaire à ma mère qui faisait jeûner, purgeait, nettoyait puis cuisinait avec talent tous ces gastéropodes pour nous en régaler.

9. LES COINGS ET LA GELÉE

La rentrée passée, nos escapades dans le *coteau* étaient moins nombreuses, car nous étions pris par les jours de classe, et les devoirs et leçons auxquels nous devions nous consacrer, mais aussi car nous devions partager ces grands espaces avec les chasseurs dont nos parents voulaient nous protéger en nous gardant le plus possible à la maison. C'était aussi pour moi l'occasion de m'évader dans des après-midis de lecture de romans de littérature de jeunesse qui m'étaient offerts à chaque occasion (anniversaire ou Noël), ma famille connaissant la place importante qu'occupait la lecture dans ma vie d'enfant.

Pourtant, nous repartions parfois dans le *coteau*, ne craignant pas vraiment les chasseurs, car nous repérions leur présence à l'apparition de leurs chiens que nous connaissions et avec lesquels nous jouions.

Lorsque nous insistions pour monter dans le *coteau*, ma mère finissait par céder et nous donnait parfois à chacun un panier, nous chargeant d'aller cueillir des coings. Nous parcourions alors à nouveau tous les espaces que nous connaissions comme notre poche à la recherche de cognassiers sauvages[13],

---

13   Sur le plateau, près du champ de ball-trap de *Lasbousigues* se trouvaient alors les arbres les plus productifs.

remplissant nos paniers de fruits jaunes qui les alourdissaient. De retour à la maison, nous donnions à notre mère avec fierté le fruit de notre récolte, sachant qu'elle en ferait une gelée qui régalerait nos goûters et petits déjeuners pendant des mois.

10. LES COMMERCES LES COURSES

Le village, tout en longueur, ne comptait plus beaucoup de commerces (bien moins qu'à l'époque qu'avaient connue mes frères et sœurs aînés). A une extrémité, au pied du cimetière, était installée une petite épicerie, également bar-tabac, si mes souvenirs sont bons. Mais elle était très éloignée de la maison.
Nous préférions donc faire nos courses dans la petite boucherie-épicerie de la famille De C.
Après une courte marche sur un trottoir de la nationale, longeant d'abord le mur de pierre du jardin de la famille, et donc de ma camarade Véronique Di P , puis le jardin des N., parents de mes chers amis d'enfance Pascal et Véronique, nous passions ensuite au pied du terrain pentu de la villa de Madame et Monsieur L., voisin du jardin de la famille M.que nous devions également longer. Enfin, nous accédions au petit magasin en gravissant une courte rampe cimentée, entre deux murets bâtis en arcs de cercle.. Des grilles peintes en rouge protégeaient ses vitrines. Entrés dans le petit commerce, les portes des chambres froides m'impressionnaient avec leurs grosses poignées

métalliques articulées qui claquaient à chacune de leurs manipulations, mais j'aimais la douce odeur des viandes fraîches qui diffusait dans la boutique à leur ouverture, odeur mêlée aux parfums d'épices et des bonbons colorés, bien visibles dans leurs gros bocaux de verre.

 J'aimais beaucoup quand ma mère me confiait son panier, au fond duquel elle déposait son porte-monnaie, accompagné d'une liste , et m'envoyait, pour mon plus grand plaisir, chez *Lucienne*, ou M. et Mme D.S. pour acheter des légumes, ces derniers étaient les parents de mes amies Maryse et Fernande, Lucienne B., était, quant à elle, la grand-mère de Michel et Alain R., de très bons camarades de classe. Ces maraîchers habitaient à l'entrée du village et avaient leurs champs à *Sautegrue*, de l'autre côté de la voie ferrée,séparés du canalet et ainsi protégés des crues par une digue en terre (une *matte* dit-on ici) La consigne était toujours la même : « Fais attention à la route » . *Il est vrai que la présence de la nationale, avec son importante circulation, représentait un réel danger et apportait régulièrement son lot d'accidents et de drames.* Je m'y conformais, bien sûr, mais je me dis aujourd'hui que c'était peut-être aux automobilistes d'être attentifs à un gamin marchant sur un trottoir, un panier à la main… Panier qui pouvait être très lourd sur le chemin du retour à la maison. Mais quelle fierté que d'honorer cette confiance, et de me sentir assez grand pour me rendre chez *Lucienne*, entrer dans son garage semi-enterré qui sentait bon les pommes de terre, entassées dans une grosse caisse de bois. Chez M et Mme DS, il fallait entrer au rez-de-chaussée de leur haute maison, dont la partie habitation était accessible par un escalier en béton, sécurisé par une rampe métallique qui paraissait bien haut à un enfant qui passait seulement au-dessous. Enfin, faire des achats en respectant la liste, payer, vérifier la monnaie. (j'étais *bon* en maths et déjà en calcul mental, ce que j'ai conservé dans ma vie d'adulte, peut-être déjà bien entraîné...).

    Quelle fierté que pouvoir retourner à la maison et poser le lourd panier sur la table de la cuisine, et enfin recevoir la validation et les félicitations de ma mère.

    Lorsqu'elle m'envoyait pour d'autres achats à l'épicerie, j'avais le droit d'utiliser une petite partie de la monnaie pour acheter des bonbons. Quel enfant résisterait à une telle proposition ?

    Maman me disait alors « va chez la *Bouchère*». En effet, Madame de C. tenait la boutique, mais elle était aussi la femme du boucher, d'où ce raccourci utilisé par nombre de villageois.

Avant la généralisation du téléphone, et son arrivée chez nous, l'épicerie proposait également le service de cabine téléphonique. Ma mère l'utilisait donc régulièrement, et j'étais parfois autorisé à la suivre, découvrant ainsi la magie de cet appareil en bakélite noire, au cadran rotatif, qui permettait de parler directement à un interlocuteur assis derrière son bureau, à Agen ou Bordeaux, ou à ma chère tante Raymonde qui vivait, et vit encore aujourd'hui à Marseille.

C'est également dans cette épicerie qu'un jour le directeur de l'école dit à ma mère, devant plusieurs de nos voisines, qu'alors élève de CM2, je *faisais* (résolvais ?) les problèmes de maths plus vite que lui. Bien sûr cette révélation nous remplit, ma mère et moi, de fierté, mais cela m'imposa, de retour en classe, d'avoir à être confronté à un manuel de maths différent de celui destiné au reste de la classe et bourré de problèmes plus *vachards*, arrivant directement d'anciennes épreuves du certificat d'études, alors disparu. Je devins ainsi assez rapidement expert en situations liées à des

manques d'étanchéité de divers contenants (citernes, réservoirs, bidons), ou éléments sanitaires tels que baignoires, robinets, ou lavabos, mais aussi en gestion de difficultés et finesses de trafic ferroviaire (retards, croisements de trains,...) ; deux domaines qui devaient grandement préoccuper la France de l'époque, si j'en crois la récurrence des problèmes de mathématiques y faisant référence et alors proposés aux élèves français. J'ai pourtant échappé à celui qui, évoquant une baignoire qui fuit, installée dans l'Orient Express, aurait pu demander dans quelle ville, et à quelle heure, il serait nécessaire de prolonger l'arrêt pour en refaire le plein, en tenant compte d'un retard lié à une chute d'arbre sur la voie, ainsi peut-être que la quantité d'eau à prévoir alors pour en rétablir le niveau...
Sans doute un oubli des auteurs du manuel...
    Il m'arrivait également, avant que mes parents n'optent pour un abonnement, d'être envoyé chez M. B., un homme particulièrement gentil, propriétaire du bureau de presse (mon frère et mes sœurs aînés ont connu ce commerce comme étant une épicerie) situé tout près de l'école, pour acheter l'exemplaire quotidien du journal régional que lisait mon

père, son café bu, après le déjeuner et avant de repartir travailler. Pour m'y rendre, je devais marcher le long de la file de poids lourds qui stationnaient devant le restaurant *Le Plaisance* qui accueillait et nourrissait leur chauffeur. Il fallait, pour cela, me glisser dans un espace étroit très près de roues plus hautes que moi, au pied de la digue de la voie ferrée, ainsi protégé de la circulation importante de la nationale, tout en restant à l'écoute des moteurs pour m'écarter au plus vite des gros véhicules quand ils démarraient et éviter ainsi d'être écrasé. L'arrivée de l'autoroute Bordeaux-Toulouse, devenu un axe obligatoire pour les poids-lourds qui n'avaient plus en l'empruntant à traverser une multitude d'agglomérations entre ces deux villes, a fait disparaître cette clientèle et nui gravement à cet établissement, au sein duquel JP a pourtant pu faire sa formation et obtenir son diplôme de cuisinier.

  A partir de cette époque, donc, plus de visite d'un épicier ambulant en tournée, devenue inutile, mais, tous les matins, au moment du petit déjeuner, la venue rituelle, rythmée par le son de ses bidons et *verres* doseurs métalliques entrechoqués, du laitier qui versait la quantité souhaitée par ma mère dans une grande casserole qu'elle avait posée sur la table de la cuisine peu avant son arrivée. Quantité qu'il notait sur son calepin, pour ensuite être payé à la semaine.

 Son lait n'était, bien évidemment, ni stérilisé UHT, ni demi-écrémé, il fallait donc, pour le consommer, le faire bouillir. Au cours de cette opération apparaissait à sa surface une crème épaisse qui, plus tard, déposée sur une tartine de pain et adoucie d'un peu de sucre en poudre nous offrait de succulents et riches goûters qui nous donnaient l'énergie nécessaire à de nouvelles courses dans le coteau, lorsque, l'hiver venu, il fallait aussi résister au froid. Bien sûr nous restions encore au chaud dans la maison au moment des gelées matinales, mais les températures remontaient lentement et il nous fallait choisir les espaces ensoleillés pour trouver, sinon un peu de douceur, au moins un peu moins de ce froid qui faisait fumer nos expirations, quand nous nous arrêtions pour reprendre notre souffle, après une longue course, et agressait le bout de notre nez ou de nos doigts, pourtant protégés par une écharpe et des gants en laine que nous tricotait *Maman* ou *Mamie Jeanne*.

Plus tard dans la matinée, après le passage du facteur, c'était Monsieur G., boulanger à

Aiguillon, qui venait garer sa fourgonnette devant notre porte pour livrer notre *pain gascon* quotidien.

Le vendredi un poissonnier passait à son tour chez nous. Il signalait son arrivée par de puissants coups de klaxon dès qu'il engageait son véhicule dans la montée qui conduisait à notre maison. Ce sont ses livraisons qui m'ont permis de découvrir les poissons de mer que je préférai rapidement à leurs congénères d'eau douce, que nous mangions plus souvent grâce aux talents de pêcheur de mon père, j'y reviendrai…

Pourtant, même si le village comptait peu de commerces, personne ne manquait de rien à Nicole. La cent treize permettait aux propriétaires d'une automobile d'atteindre de nombreux commerces à Aiguillon, Tonneins, ou, plus loin, Agen ou Marmande et, pour les plus audacieux (très rares), Toulouse ou Bordeaux. Pour les autres existaient une ligne de bus que j'ai déjà évoquée et la gare[14] SNCF,

---

14 La photo de la gare de Nicole qui suit est bien antérieure à ma naissance et je ne l'ai jamais connue ainsi. Initialement, je souhaitais illustrer ce passage avec la photo de la gare qui figure sur la pochette de l'album « Nicole » d'Hugues Aufray et date de mon enfance, donc telle que j'ai pu la voir. J'y ai renoncé après plusieurs demandes d'autorisation adressées à la société de production Atlantic Label, propriétaire des droits, demandes restées sans réponse...

implantée sur la ligne Toulouse- Bordeaux et desservie par des *Michelines,* qu'on appellerait aujourd'hui *TER.*

Source photo: Archives © Studio Christian 47190 Aiguillon

et publiée avec son aimable autorisation.
Malheureusement le développement et la transformation de l'usine dans les années soixante-dix ont entraîné la destruction de la petite gare, mais aussi, à la même époque, celle du Château de Lafon, joyau du patrimoine nicolais. Il était, jusqu'alors, niché dans son parc, à mi-colline, juste derrière les bâtiments industriels de la cimenterie.

      Son père en ayant une clé, mon ami Daniel B. me conduisit quelques fois, pour tenter de m'apprendre à jouer au tennis, sur un cours aménagé dans ce parc. Je dus parfois le décevoir car ce n'est que plusieurs années plus tard, devenu adulte, que j'ai pu échanger des balles un peu plus efficacement avec d'autres joueurs. Cours disparu avec le parc et le château pour laisser place aujourd'hui à une route destinée aux camions de l'usine et prolongée dans sa partie basse par un pont qui enjambe la cent-treize.

Malgré cette perte importante, Nicole peut quand même s'enorgueillir d'avoir encore sur son territoire trois châteaux d'époques et de styles bien différents, tels que le château *de Bourbon* qui domine toujours la cité des Baudons, le hameau d'Ayet et la vallée de la Garonne, face au village de Monheurt, sur la rive opposée du fleuve, le château *de Batz*, dont je fus longtemps le voisin, au centre du bourg, mais aussi, dans un tout autre style, datant d'une époque plus récente, le Château de *Saint Armand*, dans la plaine, près de Pélagat.

11. LE MARCHE

A l'époque de mon enfance, c'est peut-être encore le cas aujourd'hui, deux marchés rythmaient la semaine : le mardi matin à Aiguillon, et, incontournable pour la famille, celui du samedi matin à Tonneins. Bien sûr, nous y faisions les courses de la semaine à une époque où les supermarchés n'avaient pas encore colonisé la France rurale et fait disparaître nombre de petits commerçants et artisans.

Un public nombreux se pressait sur la *Place du Château* entre des parasols colorés qui protégeaient des étals de fruits et légumes, et des véhicules aménagés de bouchers-charcutiers ou boulangers-pâtissiers. Nous tentions, enfants, de nous frayer un passage dans une foule dense, animée et bruyante, essayant de ne pas trop nous éloigner de nos parents ou de notre grand-mère qui ne cessaient de nous répéter les mêmes conseils de prudence, afin « d'éviter de nous perdre ». Comme il était pourtant excitant de franchir la halle pour passer *de l'autre côté du marché, vers les Écuries Royales*, pour échapper à cette surveillance incessante, et ressentir à la fois un sentiment de liberté mêlé à une légère crainte, même si nous savions que nous étions capables de revenir facilement à la voiture familiale, toujours stationnée dans le même secteur. La famille profitait de ce passage à Tonneins pour saluer des cousins croisés sur le marché, ou embrasser notre sœur aînée Monique, alors caissière chez *Prisunic*, seul grand magasin à l'époque, à l'exception de ceux d'Agen, beaucoup plus éloignés. Nous ressortions souvent de cette visite équipés, avec mon frère JP, d'une voiture miniature, achetée par nos parents et offerte car nous avions été *sages*. Dans les traditions du samedi matin, nous faisions également halte au minuscule kiosque à journaux installé au coin de l'hôpital, au bord de la nationale, et dont je ressortais souvent avec le dernier numéro d'un hebdomadaire pour enfants, toujours accompagné de son gadget, pressé de lire un nouvel épisode des aventures de *Rahan*, ou D*r Justice*.

12. LE « STADE »

Au pied de la maison, près du noyer et du chemin d'accès à l'esplanade au bord du canalet, se trouvait un terrain, destiné à la pratique de sports, et que nous appelions donc *le stade* ou *terrain de sports.*

Il s'agissait d'un plateau dominant la route, le long de la voie ferrée, entouré de hauts grillages. Il comportait également deux ou trois garages dans lesquels Monsieur F. ; l'employé municipal qui vivait sur place dans une caravane, entreposait ses outils et tout le matériel nécessaire à ses missions d'entretien de la commune. Il se déplaçait sur un grand et antique vélo noir. Je me souviens de sa fierté quand, un jour, alors que je n'étais encore qu'un enfant, il me montra le bricolage qu'il avait réalisé sur sa bicyclette, lui ajoutant un feu rouge à l'arrière, une minuscule batterie et des fils électriques.Il m'expliqua que son vélo disposait ainsi d'un feu s'allumant à chaque utilisation de ses freins, « comme sur une voiture », « pour sa sécurité », précisait-il…

A une époque où il n'existait que peu de matériel motorisé, on pouvait le voir souvent couper à la faux les herbes des talus de la voie ferrée.

Ce *stade* était surtout un plateau auquel nous accédions en gravissant une courte rampe, après avoir traversé la nationale. Il nous permettait de jouer en sécurité, surveillés par nos parents installés devant la porte de la maison, en surplomb, juste en face. La grande surface en herbe nous permettait de jouer au foot ou au rugby, y compris avec mon frère aîné ou mes beaux-frères, tous jeunes adultes, alors que nous étions encore enfants ou pré-ados. Une grande dalle de béton équipée de deux panneaux de basket complétait également le boulodrome, parallèle à la route et éclairé, ce qui nous permettait de jouer à la pétanque les soirs d'été, souvent rejoints par des gens du voyage, installés sur l'esplanade (membres de la famille D. que j'ai toujours connue à Nicole, et dont le patriarche, M., était quelqu'un de respecté, ami de mon père). Les soirs de Fête Nationale, nous descendions en famille au *stade* et nous installions sur des chaises pliantes pour assister au feu d'artifice tiré au pied de la Croix.

A cette époque-là, la halle qui se trouve aujourd'hui à son côté, sur le plateau, n'existait pas, mais la Croix était quand même le lieu de festivités dont les traditionnels feu, et bal de la *Saint-Jean*. A cette occasion, le grand brasier allumé à son pied était visible de tous les habitants de la plaine du confluent, tout comme le feu d'artifice du quatorze juillet.

    Le *stade*, quant à lui, accueillit, de rares fois, un chapiteau sous lequel pouvait s'installer une sono (parfois locale, telle *Disco Jamaïca*). Elle animait alors un bal qui, pour les adolescents que nous étions alors devenus, offrait une soirée que nous étions souvent obligés d'aller chercher ailleurs, dans d'autres villages, atteints après des kilomètres parcourus de nuit à vélomoteur, ce qui troublait toujours le sommeil de notre mère qui attendait avec angoisse notre retour.

12. **LA CHASSE**

Mon père était un chasseur reconnu, comme l'avaient été avant lui son père (malheureusement peu de temps) et son grand-père. La tradition familiale s'est arrêtée après lui, aucun de ses cinq enfants n'ayant eu à cœur de la poursuivre. Il faisait partie des *fines gâchettes*, et particulièrement dans le tir au vol. Pour lui, point de *bartavelles*, ou *de coup du roi*, mais une fierté, toujours mesurée liée à des tirs précis ayant atteint faisans, *palombes, grives, perdrix ou alouettes.* En *vrai* chasseur, il regrettait la présence de ceux qu'il appelait les *viandards* ou les c...[15] qui ternissaient par leur comportement l'image des chasseurs en général.

Nous étions parfois autorisés à le suivre dans ses sorties cynégétiques, marchant derrière lui dans les *Landes*, vers Cap du Bosc, Caubeyres ou Villefranche du Queyran pour traquer les palombes, parfois les bécasses dans les sous-bois, ou dans les plaines de Monheurt, Monluc

---

[15] Je l'ai vu, un jour, très en colère, insulter copieusement deux jeunes chasseurs, ou plutôt deux jeunes imbéciles armés de fusils de chasse qui « s'amusaient » à tirer sur des étourneaux qui se posaient sur le dos de vaches qui paissaient paisiblement dans un pré voisin. Ils riaient de voir les malheureux bovins, atteints par les petits plombs ou affolés par les détonations, courir en tous sens, alors que mon père venait de nous expliquer qu'il était très attentif à la direction de ses tirs au vol, voulant éviter de toucher et blesser une branche d'un pommier du verger distant de moins de cent mètres.

ou Puch d'Agenais pour les alouettes ou les grives.

Nous mangions ces petits oiseaux cuits au four, roulés dans une fine tranche de lard. Ma mère y ajoutait sa touche personnelle originale, en les accompagnant de *rôties.*Pour les réaliser, elle vidait les oiseaux, conservait ce contenu abdominal, le cuisait à la poêle, l'écrasant à la fourchette en l'agrémentant de sel, poivre, noix de muscade et d'un trait d'alcool (Rhum ou Armagnac, j'ai oublié). La pâte noirâtre ainsi obtenue était enfin étalée sur des tartines de pain grillé, frotté d'ail. Le résultat, délicieux lorsque les grives *étaient aux pommiers,* pouvait prendre un goût légèrement amer lorsqu'elles se nourrissaient de baies de lierre.

Souvent, nous assistions, près des vergers, à *la passée* , le retour des oiseaux, le soir, vers les arbres où ils passaient la nuit, c'est ainsi que j'ai appris à reconnaître les grives à leur vol, près de Saint Léger, Damazan ou Buzet sur Baïse. Il nous fallait, par sécurité, rester derrière lui, ou, à sa demande, jouer les rabatteurs en contournant un bosquet ou une haie et provoquer ainsi le départ d'un animal (course désespérée d'un lièvre ou lapin, envol d'un oiseau) que nous venions de surprendre, le conduisant, très souvent à finir dans la gibecière paternelle. Il nous fallait alors parfois courir avec difficulté dans un labour pour trouver un oiseau atteint en plein vol par une volée de plombs, tombé et caché sous de grosses mottes. A ce jeu, c'était souvent Dick, le fidèle compagnon de notre père qui réussissait bien avant nous et rapportait avec fierté le gibier à son maître.

    Mais toutes ces sorties étaient pour nous autant d'occasions de construire notre connaissance et notre sens de l'observation de la nature ainsi que celui de l'orientation. Il parlait toujours de ses réussites avec modestie, refusant toute forme de vanité . Dans l'éducation qu'il nous a offerte, l'idée de toujours faire du mieux que nous le pouvions était condition de la réussite, quel que soit le domaine, de loisirs ou professionnel, et que, dès lors, celle-ci ne devait s'accompagner d'aucune forme de gloriole, d'orgueil, de vanité ou de vantardise. Seule la fierté (mesurée) était tolérable. Il nous a également offert, par son modèle, les valeurs de travail, d'engagement, d'honnêteté, de respect, de droiture, de courage et de persévérance. Si lui en parlait peu, ma mère était, par exemple, très fière de raconter l'épisode qui avait fait de mon père un chasseur de lapin *au vol* .

    Un jour qu'elle l'accompagnait dans une des carrières du coteau, il lui indiqua, du pied de la falaise, un endroit sur le plateau dont il savait qu'il était fréquenté par de nombreux lapins. Au moment où il le lui désignait de l'index, insistant en particulier sur une partie qui s'était effondrée, créant une rupture de quelques mètres dans le haut de la falaise, un lapin se mit à courir, prit de l'élan et tenta de franchir d'un bond dette faille. Faisant glisser son fusil de son épaule à sa main, mon père visa et tira, fauchant l'animal en plein saut, ce qui justifia sa capacité à tirer les *lapins au vol*, comme d'autres tirent les oiseaux.

    Les jours d'ouverture de la chasse revêtaient toujours un caractère particulier. Lorsqu'il avait décidé de rester sur place, tout son matériel préparé avec soin la veille au soir, il attendait, plus ou moins patiemment Dédé, Jean-André, en réalité, son gendre, le mari de ma sœur Monique, avec qui il partageait ce loisir, râlant parfois après un retard de ce dernier. Tous les deux partaient ensuite dans le coteau, vers le plateau, *Tabord, Lascombes* ou *Combe Rouzin*, toujours attentifs à rester sur la commune de Nicole, sans risquer de passer à

Tonneins ou Clairac, pour des questions de *carte*, associée à leur permis de chasse, *carte* dont j'entendais parler sans en connaître le sens.

D'autres années, lui et son frère aîné Pierre, qui s'était installé à Roquefort, en Haute- Garonne, décidaient de vivre ensemble ce jour important. Mon père redoutait pourtant ce choix, car cette région regorgeait de vipères qui représentaient autant de dangers pour son chien *Dick*, un épagneul, auquel il était très attaché.

13. **BOUSSENS**

Ces jours-là, nous nous levions très tôt pour partir à *Boussens*. Les deux communes n'étant séparées que par la Garonne, je n'ai jamais entendu mes parents dire que nous partions à Roquefort. Chaque fois, car nous allions rendre visite à notre oncle, notre tante et nos cousins, à d'autres occasions que l'ouverture de la chasse et donc plusieurs fois par an , nous partions à *Boussens*, ce qui finit par s'avérer exact après leur déménagement... à Boussens. Les rituels étaient invariables : toujours un samedi matin, jour où nous n'avions pas classe, lever pour tout le monde à cinq heures du matin, *il y avait la route à faire......* Environ cent quatre-vingts kilomètres, mais à une époque où on parlait peu de radars, notre père s'attachait plus au temps de route, autour de deux heures quarante-cinq, et à sa moyenne qu'à la distance. La voiture chargée, mon père installé au volant de son break Ford Taunus, car même s'il changeait parfois de voiture, il reprenait toujours le même modèle, tentant parfois une fantaisie en variant la couleur. Ma mère assise sur le siège passager, Mamie Jeanne installée derrière elle, sur la banquette, la dispute m'opposant à JP, pour avoir *la place du milieu,* celle qui permet de mieux voir la route, terminée, nous prenions la route, si souvent, qu'aujourd'hui encore, je la connais par cœur, route jalonnée de points de repères enfantins tels que le pont de l'ancienne voie ferrée qui enjambe la route avant l'entrée de la petite cité thermale de Castéra Verduzan, dans le Gers, sous lequel nous passions en « baissant la tête » dans la voiture, *suivant ainsi le conseil ironique de notre mère* ou la première pause à l'entrée d'Auch pour l'achat de quelques viennoiseries dans une boulangerie (toujours la même), et la deuxième pause, cette ville traversée, près d'un pont de la route de Lannemezan, au bord de la rivière pour manger ces viennoiseries, nos estomacs nous rappelant le temps qui nous séparait de nos petits-déjeuners. Plus tard, les Pyrénées que nous apercevions parfois depuis une hauteur des Monts d'Astarac dans la lumière du petit matin, qui finissait toujours par arriver, nos yeux enfantins encore embrumés du sommeil dont nous n'avions pas eu notre compte, réveillés très tôt, et incapables de nous rendormir dans la voiture. La conduite de mon père était très sûre, mais aussi rapide (parfois trop...) et manquait souvent de la souplesse nécessaire au retour du sommeil, également freiné par le confort relatif d'un véhicule qui avait avant tout été choisi pour son volume de chargement adapté à l'utilisation professionnelle qu'en faisait notre père dans la semaine. Cela nous permettait au moins d'observer et de mémoriser l'ensemble du trajet, la liste des communes traversées, l'évolution des paysages, quelques points de repères importants à nos yeux qui nous permettaient d'évaluer la distance restant à parcourir. L'arrivée ne nous permettait pas de jouer très longtemps avec nos cousins. Elle était suivie soit du départ des chasseurs vers leur loisir préféré, soit de l'appel pour le déjeuner, car il était hors de question de traîner, surtout que les samedis *ordinaires* , donc sans chasse, à peine assis à table, mon père parlait déjà du départ, pour rentrer *tôt* . Ma tante et mon oncle, qui ne devaient certainement pas beaucoup apprécier, nous voyaient donc repartir, peu de temps après le dessert, souvent acheté par nos parents dans une pâtisserie de Boulogne sur Gesse, sur notre route, ou constitué d'une des fameuses tartes aux pommes confectionnées par ma mère et renommées dans toute la famille. Son café bu, mon père, qui piétinait déjà d'impatience, se levait, remerciait son frère et sa belle-sœur, donnant ainsi le signal du départ. Pourtant à deux ou trois reprises, il nous est arrivé de rester le samedi après-midi et de rentrer seulement le dimanche. Ce week-end était alors considéré par la famille comme de courtes *vacances.* «*Les vacances, c'est pour les riches (*les Français ayant un niveau de vie supérieur au nôtre, soit, environ, quatre-vingt-dix pour cent de la population du pays*) et les fainéants !*» martelait mon père lorsque nous évoquions ce mot (dans sa tête, le *ou* inclusif permettait donc de cumuler ces deux *défauts*). Pour nous, elles consistaient en des sorties à la journée, en voiture, bien sûr. Partant toujours tôt le matin, nous prenions souvent les mêmes directions. Pour l'océan, nous partions vers Pointe de Grave, face à Royan, au bord de l'estuaire de la Gironde. La famille arrivée sur place, nous nous installions dans une pinède pour le pique-nique animé par quelques souvenirs de la seconde guerre mondiale vécus et racontés par mon père (tels que le bombardement et la destruction de Royan vus de l'extérieur de la ville, la prise d'un blockhaus ou la reddition de soldats allemands après des combats dans les vignes du Médoc ou du Blayais.). A d'autres occasions, nous partions vers le Périgord (Domme, Monpazier, Sarlat,…) ou le Lot (Rocamadour, Padirac).

Nos visites dans les Pyrénées (Tarbes, Lourdes) nous offraient, en plus de la découverte des lieux et, au sens large, de la montagne, quelques piques-niques, au bord d'un torrent, au rythme des souvenirs, anecdotes paternelles liées à son passage dans les *chantiers de jeunesse* dans ce secteur...

Quelle que soit la direction, il existait des incontournables, tels que le repas expédié, tout comme le temps de jeux autorisés mais qui devait être très court avant de repartir assez tôt pour *souper* à la maison. (chez nous les repas s'appelaient *déjeuner* le matin, *dîner* en milieu de journée et *souper* le soir..), *souper* pour lequel ma mère craignait de ne pas avoir assez de temps pour le préparer en cas de retour tardif, ce qui ne s'est jamais produit...

Sur la route du retour, à l'approche de Nicole, et dès qu'il le pouvait, c'est à dire lorsqu'il apercevait la Croix du Pech de Bère, mon père qui conduisait, bien sûr, nous lançait son traditionnel «On est sauvés, je vois mon Petit Jésus..»...

Je me sentais donc mal à l'aise, à chaque rentrée des classes, à partir du collège, au moment incontournable où un professeur demandait aux élèves de raconter leurs vacances. Alors que certains pouvaient raconter la Bretagne, la Méditerranée ou des destinations lointaines, que je m'empressais de chercher sur des cartes ou dans des encyclopédies pour en apprendre le plus possible, et pouvoir ensuite questionner les camarades, je ne pouvais que parler de la plage ou la piscine d'Aiguillon, ou du *centre aéré* (on ne parlait pas encore de CLSH), d'Aiguillon ou de Barbaste, lieux qui me remplissaient pourtant de bonheur et de beaux souvenirs à l'époque, ne connaissant rien d'autre. C'est ainsi que j'ai pu, par exemple, apprendre à nager dans le lac des Martinets, où nous nous rendions à pied puisqu'il était tout proche du centre aéré de Barbaste...

    Mes premières vraies vacances furent marseillaises. Mes parents m'avaient alors *envoyé*, chez ma tante et mon oncle, qui habitaient dans le Vallon de l'Oriol, pour trois semaines, un séjour paradisiaque. Avec mes cousins, je découvris la réalité de la mer et de la plage. En présence de mes parents , qui ne savaient pas nager, rien d'autre à faire sur une plage que s'asseoir sur le sable, et «regarder passer les bateaux», comme le chantait Michel Jonasz ou, chaussures ôtées, tremper timidement un orteil, sans avancer plus loin, car «l'eau est dangereuse» . Pour la première fois, donc, de plus, adolescent, je pus goûter à la liberté de nager, plonger, partager des goûters sur le sable avec des jeunes de mon âge, me balader en ville, aller au cinéma, bref, être en vacances !

Enfant, j'avais pu passer une semaine chez ma marraine qui vivait alors à Paris dans le XVII° arrondissement. Elle m'avait permis de découvrir la capitale, ainsi que le train pour l'atteindre. Mais trop jeune alors, j'en garde seulement des souvenirs flous.

Plus tard, je pus également passer quelques jours chez ma sœur Monique qui s'était alors installée dans l'Essonne, à Draveil. Deuxième trajet en train, donc, vers la région parisienne. Les visites que j'ai pu faire alors avec ma sœur et mon beau-frère dans leur région sont plus nets..

Je déduis des affirmations de mon père qu'aujourd'hui je suis entré, avec ma propre famille, dans la catégorie de ceux qui cumulent peut-être les deux défauts...(pas *riche,* mais suffisamment à l'aise pour partager en famille des semaines estivales au bord de l'océan ou de la Méditerranée , dans les Pyrénées, ou bien plus loin, au soleil, en hiver, et pratiquer des activités nautiques avec nos enfants), et assez *fainéant* pour y prendre goût, organisant mon travail en amont, pour, le moment venu, pouvoir m'éloigner autant que possible, mais jamais totalement, des contraintes professionnelles.[16]

---

[16] Une des spécificités de la fonction de directeur d'école est de ne jamais être réellement en vacances sur toute leur durée : inscriptions, travaux, commandes, suivi des élèves, relations avec leurs parents, l'administration,des fournisseurs, la mairie, parfois des partenaires en lien avec des projets pédagogiques, sont autant de motifs permanents de temps de travail souvent passé à l'école, de sollicitations parfois intempestives (comme, pour exemples, un coup de téléphone, à mon domicile, un dimanche matin à six heures, pour ouvrir une classe, un élève y ayant oublié son cahier, afin de lui permettre de le récupérer et apprendre une leçon, ou un autre appel,sur mon portable personnel (dont le numéro lui avait été donné par la mairie qui ne se privait pas de l'utiliser...), la veille de Noël, alors en vacances en famille en Tunisie, aux portes du Grand Erg Oriental, d'un fournisseur de fuel qui était dans son camion devant le portail de l'école et me demandait de venir vite le lui ouvrir pour qu'il puisse faire sa livraison, qui avait été planifiée la semaine précédente..,etc...)

14. LES ANIMAUX

Non loin de la maison, après les garages, et derrière le portique soutenant deux balançoires, un trapèze et une corde à nœuds, nous avions un très grand poulailler, dans lequel vivait également notre épagneul, compagnon de chasse de mon père, qui y avait une niche taille XXL, et dont la présence était dissuasive pour les nombreux renards présents dans le coteau. Juste à côté se trouvait un enclos plus petit où ma mère élevait et gavait quelques canards. A tous ceux qui considèrent le gavage comme une maltraitance, je peux témoigner du fait que lorsque ma mère entrait dans l'enclos, posait au sol son seau de maïs enrichi par une recette dont elle a gardé le secret, et s'asseyait sur son petit tabouret, en quelques secondes tous ses palmipèdes se pressaient autour d'elle, attendant avec impatience leur tour. Mes yeux d'enfant ne voyaient dans leurs attitudes avant, pendant, puis après le gavage, lorsqu'elle leur massait délicatement le cou pour aider à l'ingestion ou la déglutition, aucune expression de crainte ou de souffrance. J'en appréciais d'autant magrets, confits, pâtés, cous farcis et foies gras faits maison… Lorsque je fus assez grand, il ne me déplaisait pas, une fois les volailles (poulets ou canards) abattues et ébouillantées d'aider ma mère à les *plumer*, les déplumer, en réalité.

J'étais également parfois chargé de fouiller le moindre recoin du poulailler pour y *ramasser* les œufs. Tout adulte qui a pu, enfant, se livrer à cette récolte, en garde des souvenirs agréables. Je ne dérogerai pas à cette règle.
Ma mère faisait également de ces volailles, le traditionnel et délicieux poulet rôti dominical ou de succulentes *poules farcies*.

Afin d'alimenter la cuisinière à bois et la cheminée, mes parents achetaient du bois qui formait, après chaque livraison, un énorme bûcher, proche du poulailler, au pied d'un espace en herbe très pentu planté de cerisiers, endroit qui accueillit également durant plusieurs mois *Bêle*, une brebis devenue rapidement un animal de compagnie, qui répondait à nos appels, adorait nos caresses, et à laquelle nous ne prîmes jamais, ni le moindre poil, ni la moindre goutte de lait, et qui n'eut jamais à craindre d'être abattue.
Il nous était interdit, pour des questions évidentes de sécurité de jouer sur le bûcher, mais nous avons pu y mener des expériences

scientifiques intéressantes. Nos parents nous ayant offert quelques cobayes, nous les avons installés, dans le bûcher, surtout en créant un petit enclos à son pied. Nous nous sommes ainsi lancés, d'abord dans l'élevage en les nourrissant, et tentant, sans grande réussite, je l'avoue, de les protéger des prédateurs (fouines, belettes,...) qui peuplaient les zones boisées toutes proches du coteau.

Nous nous sommes ensuite improvisés généticiens : nous avions remarqué que notre *cheptel* était composé de deux *variétés* d'animaux : des cobayes à poil ras de trois couleurs (blanc, tâché de roux et de noir, *isabelle* pourrait-on dire, s'il s'était agi de chats) et des cobayes« angora », au poil long et monochrome, essentiellement marron. Après avoir sélectionné et isolé des mâles et des femelles des deux groupes, nous avons obtenu ce que nous souhaitions : une nouvelle génération de cobayes « angora » de trois couleurs . Autant dire que j'ai ensuite, une fois arrivé au collège, puis au lycée, porté beaucoup d'attention aux leçons sur la génétique, pendant les cours de SVT, car je pouvais les relier à des faits concrets... Malheureusement cette nouvelle génération n'eut pas le temps de se reproduire et nous permettre ainsi de nouvelles observations. Les jeunes furent des proies faciles pour les rats venus du canalet par les égouts,et attirés par leur nourriture. Une rigole en ciment recueillait les eaux pluviales de la maison et de la grande terrasse de derrière et les déversait dans un caniveau, à l'angle du premier garage. Ce caniveau conduisait l'eau qu'il recevait dans une canalisation enterrée qui descendait jusqu'au canalet. En période de crue, les rats, chassés par l'eau qui l'inondait, remontaient par cette canalisation. Voulant protéger nos petits animaux, et ayant obtenu l'autorisation d'utiliser la carabine 9 mm posée au côté du fusil paternel sur le râtelier suspendu au mur du *bureau* dans lequel ma mère faisait le travail administratif (devis, factures, déclarations, comptabilité) de la petite entreprise paternelle, , je me postai pendant plusieurs soirs, caché derrière une grosse jardinière en ciment, plantée de géraniums, et tirai sur les ombres qui sortaient du caniveau. La carabine étant précise, et n'étant pas maladroit dans cet exercice, je réussis de nombreux *cartons* . Ainsi, un soir, je pus ramasser dix-sept cadavres de rongeurs.

15. LE COCHON

Comme dans de nombreuses familles de la région du confluent, en janvier, tous les ans, *on tuait le cochon.*

Au cours de l'automne, mon père s'était rendu chez un agriculteur d'Ayet qu'il connaissait bien et qui élevait deux ou trois porcs dans sa ferme. Il en choisissait, et en achetait un, *sur pieds.*

L'animal était ensuite livré chez nous après les fêtes de fin d'année.

Commençait alors une période de plusieurs jours de cuisine pendant laquelle des amies de ma mère passait pour aider. Chaque famille tuant son cochon, on venait donc s'entraider, le travail étant important.

Le premier arrivé à la maison, sur son vélomoteur aux sacoches chargées de son matériel, essentiellement constitué d'une collection de couteaux variés, était Roland B., un ami d'enfance de mon père.

C'est lui qui procédait à la mise à mort, puis à la découpe de la bête, étapes dont, enfants, nous étions tenus éloignés, tout comme celle du *grattage* qui consiste à *racler* avec des lames tout le corps du cochon, à cette occasion allongé dans une *maie*, une sorte d'abreuvoir contenant de l'eau très chaude..L'objectif est alors de supprimer toutes les *soies*, les poils de la peau, un rasage de précision, plus qu'une épilation.

Ma mère et ses amies entraient alors en action avant d'entamer la partie cuisine pour préparer pâtés, saucisses et saucissons.
J'ai parfois été autorisé à laver les intestins dans un grand bac d'eau chaude enrichie de rondelles de citrons.
Lavage à la main, ou entre deux brins d'osier, en prenant garde à ne jamais percer le boyau, bien sûr.
Le sang, enrichi d'aromates et d'épices était transformé en savoureux boudin et, comme celle des canards gras, la graisse était conservée dans des bocaux pour être utilisée plus tard en cuisine.
Les conversations allaient bon train autour du hachoir, des marmites, des petites boîtes en carton d'épices. La convivialité reste une règle dans tous ces moments de rencontre et de partage.
Tout cela se déroulait dans l'*atelier* de mon père, l'aile de la maison dans laquelle il entreposait son matériel et notamment les ingrédients pour préparer puis utiliser ses peintures, gros seaux de blanc de zinc, bidons d'huile de lin, pots de bois contenant des

colorants naturels en poudre, collections de pinceaux méticuleusement entretenus, etc… et qui était pendant, quelques jours, transformé en arrière-boutique de charcuterie.

Une grosse lessiveuse en métal posée sur un réchaud en trépied permettait la stérilisation des bocaux(pâtés, rillettes,etc…). Plus loin, étaient stockés des sacs de gros sel, appuyés contre une grosse caisse de bois dans laquelle leur contenu était déversé afin d'accueillir cuisses et épaules pour en faire des jambons, après salage et très long séchage, pendus dans la pièce, fraîche et ventilée, au côté des saucisses et saucissons suspendus, eux, à de grandes perches de bois accrochées aux poutres par de longues ficelles, au-dessus des pots de grès dans lesquels on trouvait graisse et confits de canard ou les bocaux de foie gras et cous farcis.

Installer le boyau sur son long bec, puis tourner la manivelle du hachoir d'une main, en accompagnant la saucisse qui
se formait de l'autre, était presque un jeu, même s'il fallait rester concentré et précis pour ne pas risquer de la déchirer…

Chez nous, donc, pas de risque de consommer de la charcuterie industrielle, à l'origine et la composition douteuses.., que du *fait maison*, au sens propre..

Aujourd'hui, bien sûr, certains jugeraient cette nourriture trop riche (les pauvres ignorants…), mais chez nous, pas de souci de santé ou d'obésité, au contraire, une constitution solide, qui me valut, selon l'avis des médecins, de survivre à l'accident dont j'ai été victime. Il faut dire que nous menions une vie saine, le plus souvent en plein air, et active. Il y avait bien sûr les courses dans le coteau, au bord du canalet ou de Garonne, les virées à vélo, mais aussi les tâches liées à la vie de la maison. Pas de produit chimique dans le jardin, le désherbage se faisait à la main, comme les autres actions de jardinage. Il fallait bien, tous les jours, l'hiver, aller chercher un arrosoir de mazout pour alimenter le poêle ou une brouettée de bois pour la cuisinière, qui servait autant à cuisiner qu'à chauffer la maison.

Quelques jours après la livraison et l'édification du bûcher déjà évoqué, un artisan venait avec sa scie circulaire et c'était pour nous l'occasion d'une autre activité physique. Nous lui faisions passer une à une les longues bûches de chêne livrées *en deux mètres*, puis ramassions les tronçons plus courts qu'il en avait faits, les chargions dans une brouette pour les transporter et les ranger dans un petit bâtiment, attenant au poulailler et ouvert sur l'enclos des canards , dans lequel il restait stocké à l'abri et nous allions ensuite le prélever en fonction des besoins. Ce n'était jamais une corvée, même s'il fallait parcourir, dans le froid matinal, forcément, quelques dizaines de mètres avec la brouette, souvent restée dans le jardin, ou devant la porte de la maison, pour atteindre la réserve de bois, prélever et jeter dans la brouette quelques bûches, avant de nous lancer dans le chemin du retour vers la maison en poussant une charge parfois lourde.

Notre vie n'était pas rude, elle était, au contraire, douce et heureuse, bercée dans le cocon familial, au plus près de la nature et de ses rythmes, et chaque acte, même fatiguant sur le moment, avait un sens et nous le faisions avec plaisir et aussi pour le plaisir qu'il apportait à nos parents. N'est-ce pas ce qu'on appelle l'éducation ? Le mot *effort* avait un sens qui n'avait donc rien de péjoratif...

Il est toujours, pour moi, lié à la notion de réussite, de progrès, et donc de plaisir, quel que soit le domaine.

C'est encore plus vrai aujourd'hui, car après mon accident et des mois d'hospitalisation, alors que les médecins « n'auraient pas parié un kopeck sur mes chances » pour reprendre les mots de l'un d'entre eux, au prix d'un travail énorme, je peux à nouveau marcher...ce que le même médecin a jugé « extraordinaire », ajoutant « qu'après trente ans d'expérience, et avant de me voir, il était sûr que personne ne pouvait survivre avec de telles lésions cérébrales ». Quel plaisir, pour moi, de lui démontrer son erreur...

16. LA PECHE AU CANALET

Mon père excellait aussi dans l'art de la pêche à la ligne, toujours équipé de son lourd caisson, de ses grandes gaules en bambou au moulinet ancien et largement dépassé. Il disait ne pas avoir confiance dans le matériel moderne qui, de toute façon, coûtait trop cher à son goût. Son expérience et sa connaissance du canalet et de la Garonne suffisaient à sa réussite.

Ainsi, un soir, rentrant du travail, il nous dit avoir rencontré un habitant du village que tout le monde surnommait *Le Grand Marseillais*. J'ignore encore aujourd'hui sa véritable identité, et ne sais rien ni de sa taille, ni de son origine phocéenne supposée. Celui-ci lui avait avoué avoir *raté* un très beau brochet et indiqué le lieu exact où se trouvait le poisson.

Mon père prit alors son caisson et une canne, puis la direction du canalet. Il revint un peu plus tard avec le fameux poisson au fond d'un sac en toile de jute, comme il avait l'habitude de le faire pour apporter à la maison le fruit de ses pêches, tels que black-bass, sandres, carpes ou anguilles, parfois, également, mulets, brèmes ou tanches.

Avec JP, nous descendions également pêcher au canalet, avec de simples cannes tenues à la main, comme nous le permettait le permis de base, à un franc, crois-je me souvenir.. Alors que certains pêcheurs, âgés, aménageaient la berge du cours d'eau en y creusant escaliers et plates-formes pour en faire leur *place*, nous nous installions à proximité de la sortie de l'égout du restaurant. Les jours où le menu proposait du potage, l'eau du canalet se chargeait de vermicelles au moment de la plonge. Nous en profitions pour pêcher ablettes, gardons et rotengles, ainsi que de petites brèmes, attirés par cette nourriture facile. Tous ces petits poissons allaient devenir des *vifs* destinés à notre père, ou finir en assiettes de friture, à l'exception des poissons-chats que nous prenions trop souvent à notre goût et rejetions, un peu à l'eau, d'autres fois dans le talus derrière nous, lorsque nous étions excédés par leur nombre. Parfois, la chance nous offrait une prise exceptionnelle, telle qu'une perche arc-en-ciel ou perche-soleil, aussi nommée *calicoba*. Des décennies plus tard, JP a conservé avec talent ce savoir-faire et nous offre régulièrement à déguster sandres, brochets ou anguilles qu'il pêche et cuisine. De mon côté, la vie m'ayant offert une très bonne condition physique, conservée et entretenue jusqu'à mon accident par de multiples pratiques sportives, et la possibilité de découvrir l'Atlantique, au point de m'installer sur l'Île d'Oléron, j'ai associé chasse et pêche en pratiquant la chasse sous-marine, après y avoir été initié et formé par mon beau-père et notre ami commun Alain. J'ai pu ainsi, plusieurs étés durant, permettre à ma famille de consommer *vieilles*, bars ; lieus ou seiches, araignées et tourteaux fraîchement pêchés[17].

Ma vie insouciante et heureuse d'enfant issu du monde rural s'écoulait ainsi, au rythme de la nature, avec ses bienfaits.

Ma mère étant une excellente cuisinière qui utilisait au mieux les viandes et légumes de la maison, ou ceux issus de la pêche ou de la chasse ou encore produits par de proches voisins ou des connaissances. Nous ne nous posions donc jamais la question des circuits courts, ignorant qu'il pût exister d'autres moyens de se nourrir. Ainsi, un jour, en classe, je fus intrigué au cours d'une leçon de géographie par une phrase du maître qui nous expliquait qu'après les années deux mille l'alimentation des Français serait

---

17 J'ai pu évoquer cette pratique dans la nouvelle « Eclipse » qui figure dans le recueil « Indéléb'Îles », publié aux éditions des 3 Colonnes et paru en 2023.

essentiellement d'origine industrielle, chose qui me paraissait totalement inimaginable, impossible, tant il était facile et tellement plus sain de se nourrir de produits frais cuisinés à la maison. Tradition que nous avons transmise, avec ma femme à nos enfants, habitués dès leur plus jeune âge à consommer des aliments frais, très souvent achetés à des producteurs locaux , chez eux, ou au marché, et nous ayant toujours vus les cuisiner.

Bébés déjà, chez nous, pas de petits pots ou assiettes d'origine industrielle, mais des purées variées *faites maison*. Plus tard, ils ont pu participer à nos côtés à l'élaboration des repas familiaux, toujours tenus aussi éloignés que possible des produits issus des industries agro-alimentaires.

Ce n'est donc pas un hasard si nos deux filles ont choisi une formation en lycée hôtelier et si nos deux fils nous téléphonent de temps en temps pour obtenir recette ou un conseil culinaire pour préparer, à leur tour, de bons petits plats à leur propre famille…

17. FAMILLES

Mon enfance, bercée au sein d'une grande famille, à laquelle je dois inclure mes nombreux oncles, tantes, cousines et cousins dont la vie était rythmée par les événements qui la rassemblaient (mariages, repas, obsèques, …), prit fin lorsque, à l'âge de dix-sept ans, je rencontrai, alors lycéen, Christine, une autre élève du lycée Stendhal d'Aiguillon, dans les coulisses de la salle des fêtes, alors que nous participions tous les deux au spectacle donné à l'occasion de la fête de fin d'année du lycée. Bien sûr, je l'ignorais alors, mais elle devint et est encore aujourd'hui, pour mon plus grand bonheur, la femme et l'amour de ma vie, vie qui nous offrit de construire notre propre famille, riche aujourd'hui de quatre merveilleux enfants et cinq adorables petits-enfants qui font notre bonheur et notre fierté, famille que nous avons bâtie en lien étroit avec celles dont nous étions, l'un et l'autre, issus.

Pour nos enfants:
Pierre (né en 1987)

Camille
(née en 1989)
Thibault
(1994)
Clémence
(1999)
et nos petits-enfants :

Paul (2018)
Raphaël (2019)
Maël (2022)
Samuel (2022)
Norah (2023)
Et toutes celles et tous ceux qui viendront encore agrandir notre famille...

18. **YVETTE, MA MERE**

Maman n'est pas née à Nicole, village qu'elle n'a découvert qu'au moment de leur rencontre avec mon père, à l'approche de la fin de la deuxième guerre mondiale, et après leur mariage le cinq mars mil neuf cent quarante-cinq.
Originaire de Varès, un petit village près de Tonneins, elle est issue d'une famille de modestes métayers. Elle n'avait que sept ou huit ans, lorsque sa mère mourut en mettant au monde la petite dernière d'une fratrie de sept enfants dont elle était l'aînée. A ce titre, elle dut aider sa grand-mère Coralie, qui vivait dans la maison familiale, à s'occuper des « petits », donc élever et éduquer ses frères et sœurs. Elle développa donc très jeune cette énergie, cette force, cette générosité nécessaires pour prendre soin des autres, donner de l'amour, qualités qu'elle garda toute sa vie.
Elle exprimait son bonheur chaque fois qu'elle pouvait donner autour d'elle de l'affection, de l'amour, ainsi était-elle radieuse quand elle cuisinait pour préparer un de nos gros repas au cours duquel toute la famille était réunie : (enfants, conjoints, petits-enfants, parfois cousins, cousines, oncles, tantes), même si ce

travail l'obligeait à se lever très tôt et à lui consacrer plusieurs heures. Il n'était pas rare de la voir, dès cinq heures du matin, s'activant autour de la table de la cuisine, étalant sur une nappe blanche en coton la pâte préparée la veille (elle passait souvent sa main sous la pâte pour la soulever, la décoller de la nappe, et ainsi en vérifier la finesse par transparence, prenant garde de ne pas la percer), l'enduisant de beurre fondu à l'aide d'une plume d'oie, puis la repliant soigneusement pour encore recommencer afin d'obtenir le feuilletage parfait d'une de ses tartes aux pommes réputées dans toute la famille et dont elle nous régalait souvent.

Mes enfants, aujourd'hui adultes et, à leur tour, parents, gardent le souvenir des visites dominicales à Nicole qui leur offraient un goûter fait d'une part de la tarte de « Mémé » ou de ses *merveilles*...une sorte de beignets délicieux qu'elle préparait toujours en grande quantité (son unité de mesure était un carton d'emballage dont elle garnissait l'intérieur de linges et qui contenait plusieurs dizaines de *merveilles*. Je pourrais facilement dire, sans exagérer, qu'à chaque fois, elle fabriquait au moins une centaine de beignets..dont il ne restait rien après notre passage tant toute la famille les appréciait.

C'est grâce à toutes ses qualités de générosité, altruisme, bonté et courage, qu'elle a su se faire reconnaître à Nicole, mais aussi au-delà, non comme la femme de *Jeannot* Lamarque, enfant du village, mais comme *Yvette* Lamarque, femme estimée, dévouée et ô combien aimable.

Au cours de son enfance, elle fut scolarisée dans la petite école communale de Varès, puis, la famille a déménagé à Tonneins, d'abord à *Chantilly*, puis à *Larrard*,

Plus tard, forte de l'expérience acquise, elle commença à travailler en tant que formatrice dans une école donnant aux jeunes filles de la ville des *cours* dits *ménagers* à l'époque, destinés à faire d'elles d'excellentes femmes au foyer (couture, cuisine, tenue du *ménage*,…).

Encore quelques années et, se rapprochant d'une tante qui habitait près d'Agen, elle fut embauchée par un médecin de cette ville pour assurer le ménage chez lui.

De son enfance paysanne, elle a gardé toute sa vie l'influence de l'Occitan dans ses propos, et bercé mon enfance d'expressions tirées de cette langue (ainsi, chez nous, pas de chiffon, mais des *peillots, dont le t final se prononce,* une roue de vélo mal graissée ne grince, ou ne couine pas, elle *cagnioule,* une voiture accidentée n'a pas fait des tonneaux, mais des *barricoutets(t final toujours prononcé)* Nous étions grondés lorsqu'avec JP nous rentrions à la maison, après une virée dans le coteau, le fond du pantalon marqué, car elle nous reprochait d'avoir descendu un talus « à rotieu-cul », expression dont la transcription phonétique est ardue...)

    Autant d'exemples que je pourrais multiplier s'ils ne marquaient avec douleur, au fond de mon âme, le vide que son absence laisse aujourd'hui et toute l'affection que j'aimerais encore pouvoir lui exprimer..

    Et c'est sûrement par le plaisir qu'elle exprimait et nous montrait à préparer et partager ces repas et donner ainsi du bonheur autour d'elle qu'elle nous a transmis les valeurs de générosité, d'altruisme, d'empathie, de respect, de politesse et d'humanité grâce auxquelles nous nous sommes construits, valeurs que j'ai tenté de transmettre à mes propres enfants, et nous sommes heureux,aujourd'hui, avec ma femme, de les voir, à leur tour, les offrir à nos petits-enfants qui, dès qu'ils ont commencé à parler ont su utiliser des mots aussi simples que *bonjour, au revoir*, « iteplaît » ou *merci* . Ainsi Paul, à cinq ans, a-t-il fait remarquer à sa mère, dans un commerce, qu'une cliente qui venait d'y entrer « n'avait pas dit bonjour »… Maël, à deux ans accompagne toutes ses demandes, quelles qu'elles soient des essentiels « iplé » et « massi ». En cas d'oubli, un petit rappel sous forme de « et qu'est-ce qu'on dit ? »,obtient une apparition immédiate des *mots magiques*, bien sûr.

      Cette éducation qui perdure a fait la fierté de nos parents et fait la nôtre aujourd'hui… Au cours de ma longue carrière de directeur d'école j'ai pu mesurer et regretter combien elle avait tendance à ne plus être la norme aujourd'hui.

19. Aiguillon

Nicolais de toujours et fier de l'être, je suis avant tout un enfant du Pays du Confluent du Lot et la Garonne, ce qui donne une valeur particulière dans mon esprit au nom même de mon département d'origine. Fils du Confluent, donc indissociable de la cité ducale d'Aiguillon.

Enfant, j'y suivais mes parents chez les commerçants qu'ils fréquentaient. Plus tard, j'allais quotidiennement au collège, puis au lycée Stendhal, de la sixième à la terminale, m'y rendant en bus puis à vélomoteur. Je déambulais également avec plaisir souvent à pied, ou à vélo dans les minuscules ruelles entre la place de l'église et le château de Lunac, dans un quartier qui a gardé son authenticité, sa valeur historique avec ses maisons à colombages, et sait offrir de l'ombre et de la fraîcheur les jours caniculaires d'été.

A vélo, je ne manquais jamais les rendez-vous dominicaux

pour les sorties du Cyclo Club Aiguillonnais..

Lycéen, je passais beaucoup de temps au Café des Sports, chez Dédé et Titi S., alternant, un verre de diabolo cassis ou un café à la main, révisions, devoirs et travaux scolaires, parties de flipper, baby-foot ou billard avec des camarades, sur le fond sonore que nous choisissions grâce au juke-box qui avalait nos dernières pièces de monnaie.

Après ma rencontre avec Christine, nous profitions également des mercredis après-midi pour faire des balades dans le jardin public, vers la plage, ou dans la campagne environnante, révisant ainsi notre bac qui approchait, allongés dans l'herbe sous des cerisiers, proches des peupleraies des bords du Lot, sans livre, ni cahier, ou classeur, seulement armés de notre naïveté adolescente, de nos mots doux, caresses maladroites, rêves parfois insensés, nos baisers et surtout de notre amour naissant mais solide puisqu'il dure encore, plus de quarante ans après, sous l'œil bienveillant de la Croix, toujours bien présente et visible à travers les feuillages. Méthode particulièrement efficace, et que je recommande aux élèves actuels des classes de Terminale du Lycée Stendhal, puisqu'elle nous permit de décrocher notre diplôme avec des résultats plus qu'honorables, nous ouvrir la porte des études que nous espérions en toute sérénité, heureux et, au-delà, de nous préparer à une très belle vie, comblée, faite de réussite professionnelle et personnelle, qui, malheureusement, bascula lorsque je fus victime d'un grave accident de travail en février deux-mil-dix-neuf…

Mais Aiguillon, c'était aussi la plage, facilement accessible depuis Nicole à pied, puis à vélo.

  Bien sûr à l'époque de mon enfance, puis mon adolescence, elle se limitait à une zone en sable qui permettait d'atteindre, en se brûlant les pieds, les eaux pas toujours limpides du Lot. Il nous fallait d'abord traverser la passerelle et le plateau en ciment, équipé de quelques cabines basiques et d'une petite buvette.
De l'autre côté de la passerelle, un espace poussiéreux, peut-être un parking aujourd'hui, à une époque où on ne sait plus se déplacer sans sa voiture, était destiné à des animations estivales auxquelles nous aimions être associés , même si aujourd'hui elles pourraient paraître vieillottes, désuètes, ou ridicules. En tout cas, j'adorais les après-midi « courses en sac », jeux de quilles, palets, pétanque, « chamboule-tout », « tir à a corde » »course à saute-mouton » et autres jeux traditionnels. Pendant les années lycée, la baignade avec les copains et copines occupait tout notre temps, et traverser le Lot était un objectif, facile à atteindre, pour épater les filles (à cette époque-là, pas de ponton au milieu de la rivière), ou

encore nager jusqu'à la chute, en évitant de se blesser sur les pierres à son pied et tenter de rester quelques secondes sous le jet d'hydro-massage qu'elle nous offrait....

Plus tard, c'est à la piscine que nous passions nos après-midi d'été. Nous laissions nos vélos, plus tard nos cyclomoteurs chez notre sœur aînée Anne-Marie qui habitait à proximité et partions nous baigner, retrouver nos amis locaux, ou tenter de faire connaissance avec des jeunes de notre âge en vacances à Aiguillon, souvent au GCU ou au camping du Vieux Moulin, ados que nous retrouvions parfois le soir au bal de la plage. Ne reculant alors devant aucune énorme bêtise de jeune, il nous est arrivé d'inviter certains de ces touristes naïfs à *chasser le dahu* et les abandonner en pleine nuit au milieu du coteau, inconscients des dangers auxquels nous pouvions les exposer dans des lieux que nous connaissions par cœur mais dont ils ignoraient tout. Par chance, aucun drame ne se produisit...

Mais la fin de l'adolescence, et le début de ma vie de jeune adulte rimèrent avec étés travaillés, autant d'expériences variées et enrichissantes, au-delà des maigres salaires gagnés.

Je pus ainsi, pendant deux mois, conditionner des melons dans une entreprise aiguillonnaise, répétant des jours entiers les mêmes gestes :
prendre un melon sur un tapis roulant à la sortie de la *calibreuse*, emballer sa base dans un papier de soie rose, lui coller une étiquette validant son origine, puis le ranger avec soin, auprès d'autres, dans une cagette de bois de peuplier, enfin empiler les cagettes pleines près du quai de chargement où elles étaient plus tard prises en charge par un livreur..

Au cours d'autres étés, je pus acquérir quelques bases en bricolage en aidant mon beau-frère, alors artisan spécialisé dans l'installation de salles de bains ou cuisines, ou en assistant mon père dans des tâches de préparation de murs, cloisons, portes ou portails avant leur mise en peinture.

L'été qui suivit mon bac, j'obtins, pour les deux mois, un poste d'agent de service auxiliaire à l'hôpital d'Agen, affecté aux blocs opératoires, que je devais nettoyer aussi parfaitement que possible et désinfecter après chaque intervention. Je reçus, pour cela, une « formation » de quelques dizaines de minutes, complétée quotidiennement «sur le tas», selon une expression populaire…

L'été précédent, embauché chez un grossiste dont mon père était client, j'avais occupé une partie de mon été à trier, classer, répertorier des milliers de rouleaux de papier peint, stockés (et peut-être oubliés?) dans le grenier d'un entrepôt. Je fus ensuite autorisé à préparer des commandes de toutes sortes (peintures, divers outils ou produits) destinées à des professionnels.

Mais ces jobs d'été, même s'ils écourtaient mes vacances d'été, n'ont jamais été une contrainte, je les considérais comme une chance d'acquérir de nouvelles connaissances ou compétences plus concrètes que celles que m'apportait le lycée, une chance de découvrir le monde du travail, le comprendre et y trouver, plus tard, ma place, car, comme le répétait mon père :
« pour réussir dans la vie, tu as à ta disposition trois outils : le travail, le travail, ou… le travail, et si un jour tu estimes que, malgré ton travail, ta réussite n'est pas à la hauteur, il te reste un autre outil, comme un joker : travailler encore plus ! » Il avait raison, mais il a oublié de me parler des limites car c'est en poussant cette

logique au maximum, au-delà du raisonnable, m'engageant toujours plus pour répondre au mieux aux demandes et injonctions liées à mon travail que celui-ci m'a détruit...

17. L'ASCENSION

Malgré l'hémiplégie lourde qui me touche depuis deux mil dix-neuf, je m'étais fixé pour projet de gravir (peut-être une dernière fois, la côte du Pech de Bère, avec trois objectifs en tête : pouvoir me recueillir au sommet, au pied de la croix et rendre un nouvel hommage à mon frère André, revenir sur *nos* terres natales, et me prouver que je pouvais encore le faire, une sorte de défi physique. Le vingt-deux octobre deux-mil vingt-deux, la météo étant favorable : (douceur, soleil et peu de vent), ma femme me conduisit en voiture sur les six cents premiers mètres, jusqu'à la première grande courbe, au carrefour de l'ancien chemin, déjà abandonné à l'époque de mon enfance, qui conduisait à la carrière, et s'installa dans mon fauteuil roulant électrique pour me suivre, assurant ainsi ma sécurité en cas de défaillance, et la possibilité de faire une pause, si besoin. Je pus alors me lancer dans la marche qui me conduisit jusqu'à la croix en parcourant les derniers hectomètres, aux pentes les plus raides, seulement aidé par une canne. Bien sûr, ce succès me remplit alors de bonheur et de fierté, mais je le payai ensuite au prix d'un énorme épuisement que je ne pus surmonter qu'après plusieurs jours de repos complet…

Remerciements

Je souhaite remercier vivement mes sœurs aînées Monique et Anne-Marie, ma tante Raymonde, pour leur aide et leur soutien dans ce projet, M. François Collado, maire actuel de Nicole, Nathalie Baudet-Vio, amie d'enfance perdue de vue depuis plusieurs décennies et le studio Christian, photographe à Aiguillon qui m'ont aimablement autorisé à illustrer ce livre.

Merci également à tous les membres de ma famille, tous les camarades et amis, les adultes qui ont peuplé, accompagné mon enfance, mon adolescence, les débuts de ma vie d'adulte et ont ainsi participé à construire l'homme que je suis devenu aujourd'hui…

Je souhaite à tous les nouveaux petits Nicolais de profiter des mêmes années de bonheur et d'insouciance *à l'ombre de la Croix.* J'avais espéré y guider un jour mes petits-enfants et leur faire découvrir ce lieu magique, mais la vie en a décidé autrement…

Source photo : Nathalie Baudet Vio, amie nicolaise, et publiée avec son aimable autorisation. (Image modifiée par l'auteur : effacement d'un câble électrique qui la barrait, agrandissement de la Croix et effet carte postale ancienne grâce à un logiciel de retouche d'images.)

© 2024 Thierry Lamarque
Édition : BoD • Books on Demand GmbH,
In de Tarpen 42, 22848 Norderstedt
(Allemagne)
Impression : Libri Plureos GmbH,
Friedensallee 273, 22763 Hamburg
(Allemagne)
ISBN : 978-2-3225-5639-7
Dépôt légal : Octobre 2024